TOYOOKA

豊岡メソッド

METHOD

人口減少を乗り越える本気の地域再生手法

大崎麻子
Asako Osaki

秋山基
Motoi Akiyama

日本経済新聞出版

本書の舞台

兵庫県豊岡市

豊岡市とは?

人口:76,788人(2023年9月時点)
面積:697.55km²
市域:旧豊岡市・城崎町・竹野町・日高町・
　　出石町・但東町の6エリア
主たる産業:かばん産業、農林水産業、観光業

城崎は温泉、
竹野は海水浴場、
出石は城下町、
日高は神鍋スキー場で名高く、
但東はチューリップまつりなどで知られる。
長年にわたる自然環境の回復で
コウノトリの野生復帰に成功したほか、
近年は演劇のまちとして演劇祭を開催。

写真(上)豊岡市役所本庁舎、手前は旧庁舎の「豊岡稽古堂」
　　(中)近畿地方最古の歌舞伎小屋「出石永楽館」
　　(下)柳行李に始まるかばん産業は主な地場産業の1つ

Toyooka
出石永楽館
Izushi
Tanto
2015
52.2%
男性
26.7%
女性

1995

64.7%

若者回復率

2つの曲線は1995年から2015年までの豊岡市の10代の転出超過数に対する20代の転入超過数の割合=若者回復率を示すものである。上の黄線が男性、下の赤線が女性であり、2015年では**男性が52.2%**だが**女性は26.7%**だった。ジェンダーギャップ解消の取り組みは、この事実への着目から始まった。

38.7%

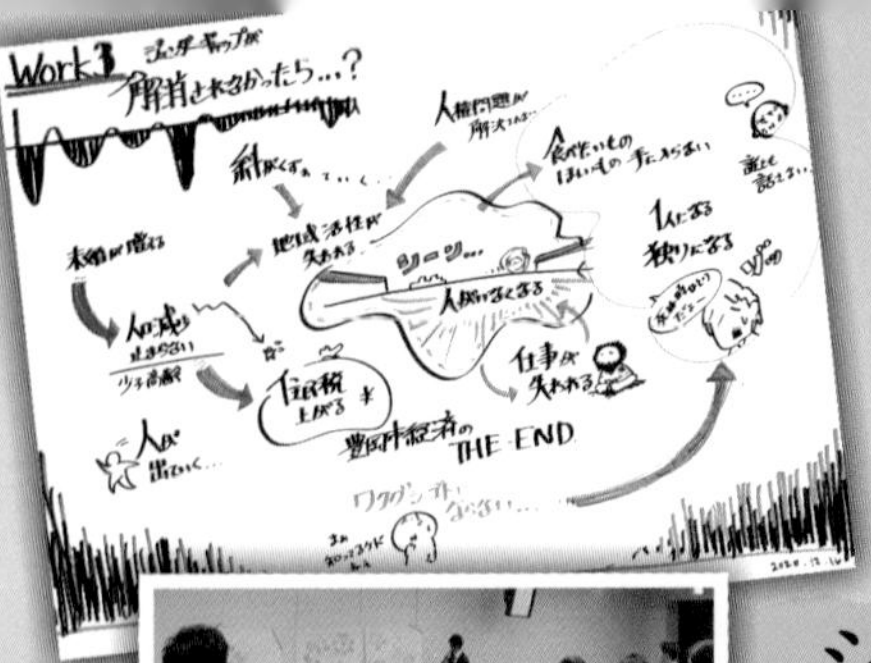

ジェンダーギャップ解消への取り組み

豊岡市では、多様な仕掛けを駆使して地域の風土改革に取り組むとともに、高校生や20代のワークショップ、グラフィックレコーディングの手法を取り入れた「ジェンダーギャップ解消戦略会議」などを通じて、市民たちが問題意識を共有し、自ら変革の道筋を描いた。2020年度からは、働きやすく・働きがいのある企業や事業所を表彰する「あんしんカンパニー」制度を運用し、先進事例の可視化に努めている。

あんしん
カンパニー
2021

はじめに

ジェンダーギャップは、今、日本が抱える最大の社会課題である。

２０２３年６月21日、世界経済フォーラム（ＷＥＦ）が年次のジェンダーギャップ指数のランキングを発表すると、国内メディアは、日本の順位が調査対象国１４６カ国中１２５位に低下し、過去最低を記録したことを一斉に報じた。

ジェンダーとは、社会的・文化的につくられた性差を意味しており、ジェンダーギャップ指数は、「健康」「教育」「経済」「政治」の４領域における男女格差のスコアをさまざまな指標を用いて算出している。

そのスコアだけを見れば、日本はけっして後退しているわけではない。ただ、１１５カ国中80位だった２００６年の０・６４５から２０２３年の０・６４７までほぼ横ばいの状態が続いており、進歩を加速させている他の国々に大きく引き離されてしまった。今や日本はＧ７（主要７カ国）で最低なのはもちろん、アジアでも最下位にまで落ちている。

では、いったいどうしてジェンダーギャップが問題となるのか。

それは、日本の未来にかかわる最大のリスク＝人口減少と、切っても切れない関係にあるからである。

人口減少がもたらす影響については、本書を手に取った読者であれば、容易に想像できることだろう。すでにその負の側面は、経済活動はもちろん、社会保障・社会インフラの維持、防災・災害対応など広範にわたって表れ始めており、今後さらに広がっていく可能性がある。

特に地方における人口減少の影響は深刻のひと言であり、各地で企業の誘致や、若者にとって魅力的なまちづくりなど、さまざまな対策が講じられてきたが、効果は一向に見えてこない。日本が抱えるこの喫緊の課題に直面し、これまでとは異なるアプローチをとり始めた自治体がある。それが本書の舞台となる兵庫県豊岡市である。

豊岡市の特筆すべき点は、「男性と女性は異なる状況にあり、異なるニーズを持っている」というジェンダーの考え方を人口減少の問題に引き寄せたことにある。家庭や地域に深く根づいた男尊女卑的な因習が、伝統的なコミュニティを形成するとともに、企業活動における男女格差も生み出している。そうしたジェンダーギャップこそが、とりわけ若年女性の都市部への移動を誘発し、まちの人口減少に拍車をかけているのではないか――。まさに正鵠《せいこく》を射た観点なのだが、今まで日本にはこういう考え方に立って現実と向き合い、地方創生のあり方をとらえ直した自治体は存在しなかった。

　地方から都市部に移動してそのままとどまる若年女性が多いことや、若年女性のＵターン率が若年男性に比べてはるかに低いことは、国立社会保障・人口問題研究所の調査でかなり前から明らかにされてきた。同研究所の林玲子国際関係部長（当時／現在は副所長）は、すでに２０１６年の論考において「女性は、都市部や先進国といった女性にとって住みやすい地域に移り住み、とどまる傾向がある」としたうえで、地方創生政策を検討する際にはジェンダー平等の推進が有効であると指摘している（「地方消滅のカギを握る女性の移動：『若者女性の都市集中』の分析」）。

　また、金融庁が２０２２年から翌23年にかけて、各地の地方銀行１００行を対象に実施した「人的資本アンケート調査」では、20代では男女の平均年収に差異はあまり見られないものの、40代では男性従業員の１００に対し、女性従業員の平均年収はわずか37・５となっていた。地銀は地方を代表する有力企業だが、その地銀ですら、賃金の高い職位に男性が集中し、女性は勤続年数が長くても窓口や庶務といった職種に固定化されるという実態が浮き彫りになった格好だ。

　男女間の賃金格差データには、表向き、「女性活躍推進」を謳《うた》っている企業が、本質をともなう施策を実際に進めているのかどうかが如実に表れる。今後、企業によるデータ開示が進んでいくにつれて、ジェンダーギャップの大きい職場は女性たちにますます選ばれなくなり、そうした状況に手をこまぬいている自治体も女性たちにますます選ばれなくなる。

筆者の大崎麻子は、米コロンビア大学の国際公共政策大学院を修了後、国連開発計画（ＵＮＤＰ）ニューヨーク本部の開発政策局で、ジェンダー平等と女性のエンパワーメントを担当し、途上国で、女性の教育、雇用、起業、政治参加促進などのプロジェクトや、ジェンダー平等を推進するための法整備支援などを手掛けた。また、貧困削減、環境・気候変動、民主的ガバナンス、紛争予防・復興など、ＵＮＤＰの重点分野における政策・事業の「ジェンダー主流化」、管理職・幹部職への女性登用を進めるための組織内のジェンダー平等推進にも従事した。

日本に帰国してからも国際機関、開発援助機関、国際ＮＧＯ（非政府組織）などで開発支援に携わっていたが、東日本大震災後の被災地での復興支援を機に、日本国内のジェンダー問題の深刻さ、根深さに気づいた。

確かに日本は、独立行政法人国際協力機構（ＪＩＣＡ）による二国間援助や、ＵＮＤＰのような国際機関との協力による多国間援助を通じて、世界各地でジェンダー平等の推進と女性のエンパワーメントを支援してきた。ＵＮＤＰで筆者が手がけたプロジェクトも、その多くが日本の拠出金を活用したものだった。だが、国内の法律や政策は「国際基準」にはほど遠く、他の先進国や途上国に存在する、政府と対等に政策対話を行えるような市民社会組織（女性団体やジェンダー平等を推進するＮＧＯ）は少なかった。そこで、２０１１年に「グローバル・スタンダードを日本にも」という目標を掲げ、シンクタンク型ＮＰＯ（非営利組織）のGender《ジェンダー》 Action《アクション》 Platform《プラットホーム》（ＧＡＰ）を設立した。ＧＡＰは、家族社会学及びジェンダー研究の第一人者であり、国連「女性の地位委員会」における日本代表を13年間務めた目黒依子（上智大学名誉教授）と、大崎と同様にＵＮＤＰでジェンダーを担当した斎藤万里子とともに創設し、国際基準の知見、国際的な人的ネットワーク、開発支援やジェンダー主流化の手法を生かした活動を行ってきた。また、大崎個人としても、政府、大学、ＮＧＯ、メディア、民間企業で、ジェンダー・スペシャリストとして活動している。

そして、ここ数年、とりわけ深くかかわってきたのが、兵庫県豊岡市の取り組みである。人口約7万７０００人の豊岡では、絶滅の危機に瀕《ひん》していたコウノトリの野生復帰事業や、演劇を通じたまちづくりといったユニークな政策を進めてきた一方、２０１８年から「ジェンダーギャップ解消」を人口減少対策の柱に掲げ、さまざまな施策を打ち出してきた。

その手法はきわめて戦略的、かつ包括的で、ファーストステップでは市内の企業や事業所の「働き方改革」の延長線上として、女性が働きやすく、働きがいを感じられる職場を増やす試みに着手した。２０２０年以降のセカンドステップでは、家庭や地域を含めた「まち全体」

のジェンダーギャップ解消を目指して戦略を立案、実行に移していった。大崎は戦略の策定過程から伴走し、現在も市ジェンダー平等推進アドバイザーを務めている。

途中、市政を長年リードしてきた市長が落選するという不測の事態も起きたが、豊岡は全国の自治体、企業、中央官庁から注目を集め続けており、各地から視察団が「５日に１回」という驚異的なペースで訪れている。

そんな「実はすごいまち・豊岡」の挑戦を、同市が独自に培ってきた「まちづくりのメソッド」に力点を置きつつ、まとめたのが本書である。執筆・出版にあたっては、前市長、現市長、元副市長、市職員、企業経営者、地域活動のリーダー、さまざまな理由でこの地に引き寄せられてきた移住者など多様な市民に対して、もうひとりの筆者であるフリーランスライターの秋山基がインタビューを行った。

あらかじめ各章の構成を紹介しておこう。

まず序章では、豊岡市の前史を振り返る。特に、市が一貫して掲げてきた「小さな世界都市」という旗印に着目し、前市長の発想力とリーダーシップによって牽引《けんいん》されてきたまちづくりの実態を概観する。

第１章では、市が、企業や事業所とともに職場のジェンダーギャップ解消に向けて動きだすまでの展開を追い、その独特なアプローチに焦点を当てる。具体的には、２０１０年代に民間出身の副市長によって導入された戦略的政策評価の仕組みやツール、職員の人材育成プログラムなどについて考察する。

　第2章と第3章では、豊岡市内の企業や事業所が実行している「ワークイノベーション戦略」や、まち全体のジェンダー平等を目指す「ジェンダーギャップ解消戦略」の全貌を明らかにする。2つの戦略の根本思想、策定プロセスと内容、各種の施策を詳しく解説していく。

　続く第4章では、企業の動きに目を向ける。製造業、温泉旅館、グローバルニッチを目指す企業、地場産業のかばんメーカーなど、市内に拠点を置く4社を事例として取り上げ、各社が労働環境の改善や女性の登用を通じて、職場のジェンダーギャップ解消に取り組んでいる様子を報告する。

　第5章の主役は、地域の住民たちだ。高齢化が進行していく中、自治体活動や商店街の活性化などに携わる住民の声を拾い上げるとともに、伝統と慣習を重んじ、ジェンダーギャップの〝岩盤〟とも言われる地域で起きつつある変化に視線を注ぐ。

　豊かな地域資源に恵まれた豊岡は、都会からの移住先としても人気を集めている。そこで第6章では、市の移住定住促進に向けた政策を読み解きつつ、国の制度である「地域おこし協力隊」に応募してこの地にやってきた協力隊卒業生や現役隊員たちの活動を紹介する。併せて、地域資源としての可能性を感じさせる豊岡の学校教育についても見ていく。

終章では、近年、社会課題の解決に向けた最新のアプローチとして注目を集めている「コレクティブ・インパクト」という考え方を紹介し、そのフレームワークを豊岡のケースに当てはめて論考を深める。

◉

厚生労働省が発表した人口動態統計によれば、２０２２年に生まれた日本人の子どもは７年連続で減少し、統計を開始した１８９９（明治32）年以来、初めて80万人台を割り込んだ。団塊ジュニア世代が50代に差し掛かり、出産適齢期の人口がますます減少していく中、少子化・人口減少の流れはもはや「反転」することはない。

したがって、今、すべての大人に求められているのは、子どもを産みたい人が産み育てやすい環境をつくり出し、少子化を「緩和」すること、そして、家庭や地域や職場において、男女が性別に規定されることなく、ともにあらゆる役割を担うことによって、人口減少社会に「適応」していくことだ。

ジェンダーギャップ解消は、この「緩和」と「適応」の両面において実効性を持つ現実的な手段であり、未来に向けた挑戦にほかならない。

読者のみなさんには、本書で展開される豊岡のストーリーと独自のメソッドから、日本を、社会を、変えるヒントを少しでも感じていただき、ご自身の日々のチャレンジにお役立ていただければ幸いである。

2023年11月

筆　者

目次

第3章　ジェンダーギャップ解消でまちづくりを——Strategy Ⅱ

第4章 変わり始めた企業――Transformation

第5章　動きだす人々——Kick off

第6章　地域の魅力を生かす——Resources

終章　豊岡メソッド——本気のコレクティブ・インパクト

文中敬称略。登場する方々の所属組織名や肩書きは２０２３年3月時点のものを基本としました。

序章

〝構え〟をつくる

Tagline

トヨオカ・ショック

２０２１年4月25日夜、兵庫県豊岡市大磯町にある市立総合体育館は騒然としていた。館内では、多くの市民やマスコミ関係者が見守る中、豊岡市長選挙の開票作業が行われていた。ところが、平成の大合併以前を含めれば、通算5期20年にわたって市長を務めてきた中貝《なかがい》宗治《むねはる》の票がなかなか伸びない。

積み上げられた投票用紙の山を見れば、敗色は濃厚だった。

形勢はそのまま逆転せず、新人で元市議会議長の関貫《かんぬき》久仁郎《くにお》の当選が確定した。得票数は関貫が２万１２５６票、中貝が１万９５９１票、その差は約１６００票だった。

兵庫県議会議員を３期務め、２００１年に豊岡市長に転身した中貝は、絶滅の危機に瀕していたコウノトリの野生復帰事業や、「深さをもった演劇のまちづくり」といった独自の政策を牽引してきた。近年は、社会的な男女の格差を意味する「ジェンダーギャップ」の解消を人口減少対策の柱に据え、市内の企業や事業所を巻き込んだ取り組みに着手したばかりだった。

これに対し、関貫は「中貝市政の演劇のまちづくりは市民の感情に合っていない」と主張し、ジェンダーギャップ解消についても「最優先でやることではない」などと異を唱えた。コロナ禍の選挙戦では、０～３歳児の医療費無料化など、現職の中貝とは異なる子育て支援を公約として掲げた（「神戸新聞ＮＥＸＴ」）。

25日夜、落選の一報を受けた中貝は「（今後のまちづくりに向けた）突き抜けた政策と、人々の暮らしとのギャップがあった。そこを埋める努力を十分してこなかった」と反省の弁を述べた。また、後日の退任会見では次のようにも語った。

「僅差《きんさ》とはいえ、民意を率直に受け止める。私の見えていたもの、見えていなかったものがあった。リーダーとしてコミュニケーションに問題があった。夢を描いて目の前の大きな危機に対処するという考えが十分に伝わらなかった」（同）

この選挙結果を、地元紙の神戸新聞は「トヨオカ・ショック」と報じている。これはけっしておおげさな表現ではなく、中貝落選の結果に衝撃を受けた関係者は市内外に少なくなかった。支援者はもちろん、中貝市政を支えてきた市職員やその政策を支持してきた企業経営者、まちづくりに協力してきた演劇関係者らの多くが言葉を失った。豊岡市に大きな期待を寄せていたジェンダー問題の専門家やメディア関係者からは、「豊岡は終わった」「せっかくの先進事例がこれで頓挫する」――といった悲鳴にも近い落胆の声が上がった。

しかし、その後はどうだっただろうか。

トヨオカ・ショックから2年が過ぎた今、豊岡市ではジェンダーギャップ解消に向けた戦略が着々と施策に落とし込まれ、産業界や地域を挙げた挑戦が継続している。

たとえば、市では２０２１年から、女性の就労促進策として「働きたい女性のためのデジタルマーケティングセミナー」を毎年開催しているが、この取り組みは、国が２０２２年に策定した「女性デジタル人材育成プラン」における「主な優良事例」として紹介されている。豊岡のまちづくりに学ぼうとする自治体や地方議会、民間企業はますます増える一方で、現地視察は引きも切らない。

豊岡は終わっていない。

むしろ、前進し続けている。それは、なぜなのか。

1つには、そもそも行政というものが継続性を求められているからだろう。首長が交代したからといって、長期計画に基づいて進められてきた政策が完全にリセットされてしまうと、市民の暮らしに混乱が生じかねない。実際、中貝市政を引き継いだ関貫市政においても「深さをもった演劇のまちづくり」は続いており、その象徴である豊岡演劇祭は２０２２年秋にも翌２０２３年秋にも開催された。

ただ、豊岡が止まらないのは、行政の継続性だけが理由ではない。中貝市政では、市民参加型の行政評価の仕組みや、戦略策定ツール、職員育成プログラムなどが次々と導入されてきた。

それらは、市民とともに歩みながら、まちを一歩一歩変えていくことを学んだ現場の職員たちによって、現在も運用され続けている。

本書でこれから紹介するジェンダーギャップ解消に向けた戦略や施策や取り組みを生み出す原動力となっているのも、そうした一連の仕組みにほかならない。そして、そのような仕組みとそれらを支える理念や哲学、仕組みから生み出されるアウトプットを、筆者は「豊岡メソッド」と呼びたい。豊岡が止まらないのは、20年の歳月をかけて市に受け継がれ、根づいてきた特有のメソッドが回り続けている証しでもある。

「格差是正」を合言葉にしていいのか

本題のストーリーに入る前に、豊岡のことを詳しく知らない読者に向け、このまちの前史を振り返っておきたい。

豊岡市は２００５年4月、兵庫県北東部に位置する1市5町（豊岡市、城崎《きのさき》町、竹野町、日高町、出石《いずし》町、但東《たんとう》町）が合併して誕生した。市域の約8割を森林が占め、北は日本海、東は京都府に接し、中央部を円山《まるやま》川が流れる。面積は約７００平方キロメートルで県内の市町では最大、東京23区よりも広く、その中に約７万７０００人（２０２３年9月時点）が暮らしている。

市の主要産業は農林水産業や観光業だ。特に観光業では、多くの文人墨客に愛された城崎温泉、西日本屈指の規模を誇る神鍋スキー場、但馬《たじま》の小京都として知られる出石城下町、関西では随一の透明度を誇る竹野浜海水浴場など、多彩な資源に恵まれ、年間４２０万人以上が訪れる。

また地場産業では、柳行李《やなぎごうり》づくりにルーツを持つかばんの製造が盛んで、かつては東京、大阪、名古屋と並んで全国四大産地と言われた。現在は単独トップの座を占めている。

では、その豊岡で長く行政のトップを務めた中貝宗治とは、どのような政治家だったのか。

中貝は１９５４年、旧豊岡市の農家に生まれた。父親は市議会議員や県議会議員を務めてきた地域のリーダー的存在だったが、中貝自身は政治の世界を

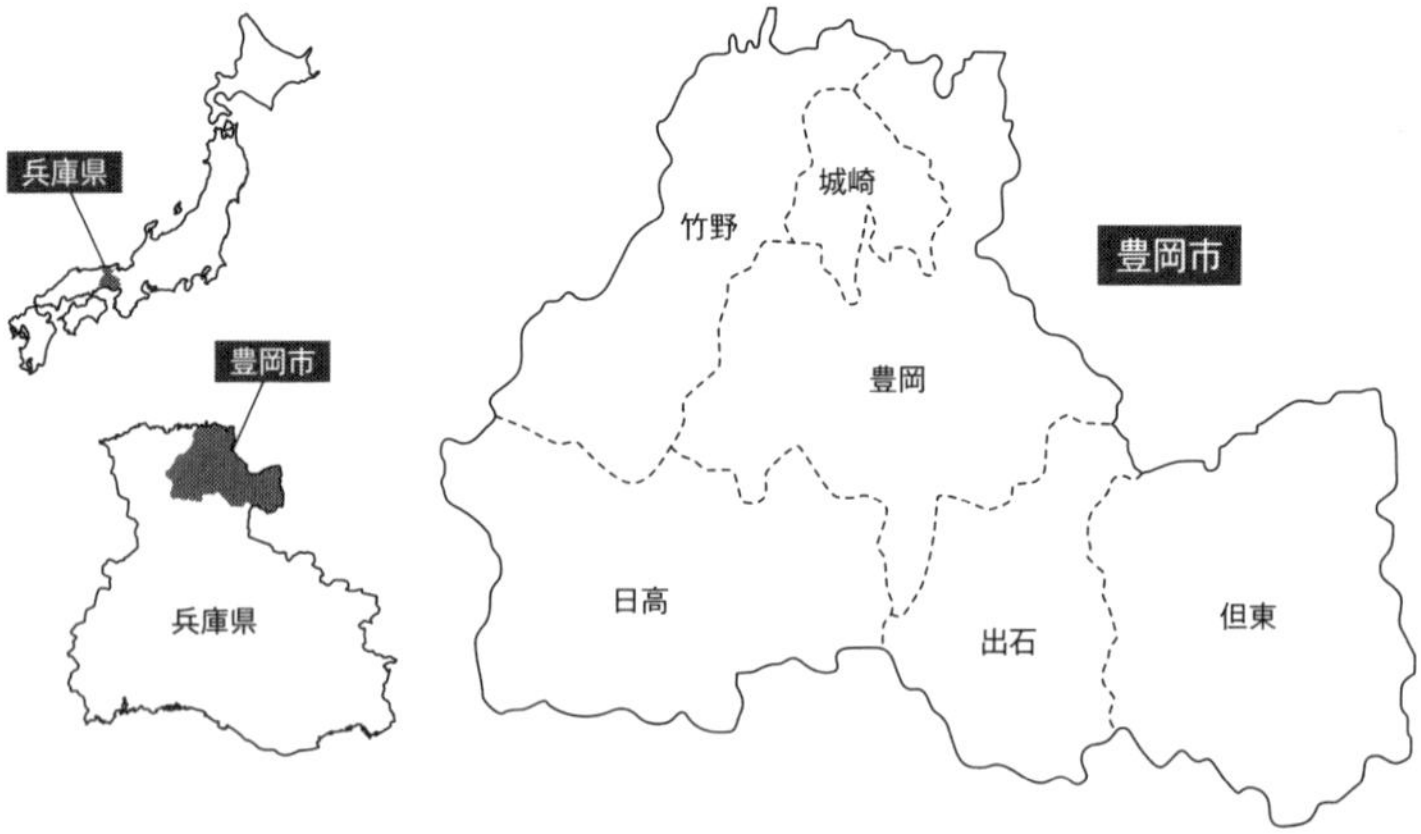

地図出所：豊岡市公式ウェブサイトほか

図表0-1　豊岡の市域

嫌っていたという。

「父は地域の人たちの話をよく聞く人でしたし、そういうところは尊敬していましたけど、政治家という職業はすごくいやだったんですよ。脂ぎっていて、権力欲や自己顕示欲が強いイメージがあるでしょ。なにしろ自分の名前を大書したタスキをかけて人前に立って、自分のことを売り込む人たちですし、ああいうのはどういうものかなと思っていた」

かといって民間企業に勤める気にもなれなかった中貝は国立大学を卒業後、兵庫県庁に就職した。県庁では、教育、商工関係、法制事務などの部署を経て大学院に派遣され、経営組織論を2年学んだ後、企画部のテクノポリス担当として大型放射光施設「SPring-8」の誘致を担当した。当時のことを本人はこう回顧する。

「4年間、誘致に明け暮れましたけど、最先端の華やかな事業だったので、仕事は充実していたし、面白かったですよ。僕は法学部出身ですけど、物理や化学や生物学の文系向きの本を朝から晩まで読み漁って勉強もした。知事直属の仕事だったので、庁内を肩で風切って歩いていましたね」

県庁には時折、当時の豊岡市長が要望を伝えにやってきた。市長は中貝の所属する部署に立ち寄って顔を見せることもあり、中貝が「すみません、豊岡の担当をしていなくて」と頭を下げると、「いや、それでいいんですよ」と諭された。

豊岡市を含む兵庫県北部は、江戸期までの旧国名から但馬地域と呼ばれる。その頃の但馬の政治家の間では、「県都市部との格差是正」が合言葉になっており、「但馬の後進性を脱却する」というスローガンも掲げられていた。

「そんな但馬の担当なんかしなくていいから、自分の県職員として将来を考えろと市長は言いたかったんでしょう」と中貝は言う。

「高速道路もない、デパートもない、下水道も整備されていない。そんな但馬地域を発展させるためには、国や県からお金を引っ張ってくるしかない。地元の政治家はみんなそう考えていたし、そういうことに血道を上げるのが政治の仕事だったんですよ」

だが、中貝自身もその地方政界の渦に飲み込まれていく。

県議の父親が病気で急死したからだ。地元支援者の間では葬儀の最中から、後継者を誰にするかという騒動が持ち上がった。市議のひとりから「あんたしかいない」と耳元でささやかれた中貝は「つくづく気持ちの悪い世界だ」と感じたものの、時間が限られる中、事態は本人の意思とは無関係に推移していった。

「選挙に出たい人はほかにもいたと思いますが、『あいつが出るぐらいなら俺の方が』などと言いだす人もいて、なかなか話がまとまらない。だから、『息子が出るのであればまとまる』と支援者の方々は考えたんでしょうね。地元では僕はいつの間にか〝県庁のエリート〟のように扱われていたし、『あんたしかいない』と言われたら、出ないわけにいかなかった」

１９９０年、係長の手前のポストで県庁を退職した中貝は、翌91年の兵庫県議選で初当選した。

その頃のことだ。豊岡と神戸を行き来する際、ふと窓の外に目をやると、ＪＲ神戸駅近くの倉庫跡地に複合商業施設を建てる工事の様子が見えた。

「ムクムクっとビルが建ったんです。東京や大阪の施設に比べれば、小さいビルだったかもしれないけど、豊岡の人間の目から見れば、とんでもなく大きかった。あれを目の当たりにしたとき、ああ、これはかなわないなと思いました。資本力の差がこれだけ歴然としているのに、都市部と但馬の格差が簡単に縮まるはずがない。しかも格差なんていう言葉を口にするのは、自分たちは劣っていると言っているのと同じでしょ。そんな言葉を使っていると、誇りがどんどん失われていくし、誇りを失った地域は活力も失っていく」

地域に対する責任感と将来に対する危機感だけはあった。けれども、何をどうすればいいのかも、自分が何をしたいのかも、さっぱりわからない。

そんな中貝が出会ったのが、コウノトリだった。

「も」の発見で世界に突き抜ける

コウノトリは、かつては日本の各地で見られた鳥だった。里山の松の木の上に巣をつくり、周辺の水田や川の浅瀬でカエルやナマズ、ドジョウやヘビを捕って食べていた。

だが、第2次世界大戦中に松の伐採が進められたことや、戦後の経済発展にともなう環境破壊、とりわけ農薬の大量使用などによってその数は激減し、１９７１年に最後の1羽が豊岡市内で死んだ。これにより日本国内の野生のコウノトリはいったん消滅した。

豊岡市でコウノトリ飼育場が完成し、1つがいを保護して人工飼育がスタートしたのは、その6年前の１９６５年だった。繁殖は失敗の連続だったが、85年に旧ソ連（ハバロフスク地方）から野生の幼鳥6羽を譲り受け、89年、初めての孵化《ふか》に成功した。

県議になった直後の１９９１年5月、中貝は、豊岡市の職員に「一度、コウノトリを見ていただけませんか」と誘われ、飼育場を訪れた。

コウノトリには何の関心もなかったという。

１９８９年にヒナが誕生したとき、豊岡はそのニュースに沸き立っていたが、神戸にいた中貝は「それがどうした」と感じた程度だった。しかし、その職員が小・中学校から高校までの先輩に当たったため、せっかくの誘いをむげに断るわけにもいかなかった。

飼育場では、人工飼育に25年間携わってきた松島興治郎という飼育員と会って言葉を交わした。

「四半世紀も、よくあきらめずに続けることができましたね」と語りかけた中貝に対し、松島は、「いつか空に帰すと誓ったから」と答えた。

人工飼育の開始にあたっては、野生のコウノトリを捕まえて飼育場に閉じ込めるのは、かえってかわいそうではないか、環境が元に戻らない以上、自然に死なせた方がいいのではないかといった疑問の声も市に寄せられていた。「１００年かけて失われたものを取り戻すには１００年かかる」という根拠のあいまいな見方もあった。だが、松島は野生復帰というわずかな可能性に賭け、「すまんけど、鳥かごに入ってくれ」と言いながらコウノトリを飼育場に入れた。

この話を松島から直接聞いたとき、中貝は「いつか空に帰すという夢をかなえたい」と思ったという。

「松島さんと話しているうちにジーンときたというか、情動に駆られたような感じでしたよね。でもよくよく調べてみたら、これは種の保存の事業じゃないかと。それまでにも、野生で絶滅した動物を動物園で増やして野生に帰す取り組みは世界に数例ありましたが、いずれも原生的な自然の中に帰していたんですね。だけど、コウノトリの場合は、人間が暮らしている環境の中に帰すことになる。それは世界で初めての試みだったし、実現したら、豊岡は世界に突き抜けることができると思った」

コウノトリの飼育・繁殖が軌道に乗っていく様子を自身の目で確かめた中貝は、県への説得を繰り返し、１９９９年に兵庫県立コウノトリの郷《さと》公園が開園した。園には県の研究所が置かれ、野生復帰に向けた研究と実践も始まった。２０００年には、公園の一角に豊岡市立コウノトリ文化館がオープンした。

自然放鳥の目処《めど》が立ってきた頃、中貝が思いを馳《は》せたのは「その次の仕事」だ。それは「コウノトリも住めるまち」をつくることだった。

「コウノトリは環境破壊で絶滅しかかった鳥ですから、野生復帰を実現するためには、豊かな環境をつくり上げないといけない。それは兵庫県の仕事ではなくて、豊岡市民の仕事だし、僕はその先頭に立ちたいと思った」

２００１年、兵庫県議を辞した中貝は豊岡市の市長選挙に出馬し、当選を果たした。だが、当初はその言動を揶揄《やゆ》する向きも市内にはあったという。県議時代は「コウノトリ議員」と呼ばれたが、市長になってからは「コウノトリ市長」と呼ばれたからだ。

「人間のこともちょっとは考えろということですよね。でも、『コウノトリが住めるまち』を目指すのであれば、ただのオタクですけど、『コウノトリも住めるまち』なら、それ以外のいろんな生き物も、もちろん人間も対象に含まれている。『も』の発見によって、僕自身、耐えられたし、納得して協力してくれる仲間が増えていった」

環境と経済を共鳴させる

豊岡市では、２００５年9月24日、コウノトリ5羽を自然放鳥し、野生復帰を実現させた。07年5月には、日本の野外で43年ぶりにひな1羽が誕生し、46年ぶりに巣立っていった。

ただ、野生復帰事業が本格段階に入ってからも、なかなか批判はやまなかった。特に「人間とコウノトリとどっちが大切なのか」「環境でメシが食えるのか」といった意見は根強くあった。

それに対して中貝が打ち出したのが、「環境と経済が共鳴するまち」をつくるという考え方であり、「コウノトリ育《はぐく》む農法」の普及はその一例だ。

この農法では、冬にも田んぼに水を張る冬期湛水《たんすい》や、田植えの1カ月前から田んぼに水を張る早期湛水などを行うことで、長期間にわたって田んぼに水がある状態を保つ。そうすると、田んぼの中ではカエル、メダカ、ドジョウ、ナマズ、フナといったさまざまな生き物が育つ。

また、春先にはイトミミズが大量に発生し、土の中に頭を入れて有機物を分解して糞《フン》を出す。

糞は田んぼの中に粒子の細かい「トロトロ層」を形成し、そこに入った雑草の種子は太陽光を受けにくくなるため発芽が抑制される。

以上はこの農法がもたらす効果の一部だが、「コウノトリ育む」という助詞が抜け落ちたネーミングには「2つの意味がある」と中貝は説く。1つは、農薬を使わないことで、コウノトリやその餌となる生き物を育むという意味、もう1つは、生き物の力によって農薬を使わずにコメを育むという意味だ。

豊岡市では、市の有機農業アドバイザーの指導を受けながらこの農法を確立し、２００３年度より、地元農協のＪＡたじまや県農業改良普及センターの協力を得ながら普及に努めた。現在は、１７９人の生産者が完全無農薬、あるいは農薬使用を80%減らした減農薬でコメづくりをしており、作付面積は計約４４５ヘクタールに達している。

「環境と経済の共鳴」を目指すこの農法はコメの付加価値向上にも寄与している。２０２０年度の調査では、コシヒカリを一般的な農法で栽培して得られる実質所得は、水田10アール当たり約5万２０００円だったのに対し、コウノトリ育む農法の減農薬栽培では約７万４０００円、無農薬では約9万１０００円だった（減価償却費や補助金は除外して計算）。収穫されたコメは「コウノトリ育むお米」と名づけられ、国内では最大消費地の沖縄県で年間３５０万トン（２０２０年産米）が消費されているほか、米国、香港、オーストラリアなど９

の国や地域にも輸出されている。

　中貝はこう振り返る。

「全部、僕がトップダウンで決めたと思っている人もいますけど、農法の確立や普及にしても、コメの販路拡大や輸出にしても、当時の市職員たちが策を立ててボトムアップで進めていったんですよ。見事な戦略だったと思います」

　市では「環境と経済の共鳴」という考え方をさらに推し進めるため、２００５年3月に「環境経済戦略」をまとめ、２００７年12月には改訂版を策定した。その中で戦略の狙いとして挙げられているのは、「持続可能性」「自立」「誇り」の3つだ。環境への取り組みは、経済に裏打ちされていることによって持続可能なものとなる。環境という資源を生かすことは経済的な自立につながる。豊岡が環境への取り組みによって経済が成り立っているまちになれば、市民は誇りを持って暮らすことができる。以上が戦略の骨子であり、ポイントは「環境への取り組みと経済活動をケンカさせないこと」だと中貝は言う。

「環境をよくする行動って、だいたい経済とケンカをして負けているんですよね。なぜなら、人はみんな日々の暮らしがあるから。その一方で、環境対策自体も持続可能性を求められていて、それを担保するものは何かというと経済なんです。環境をよくすればもうかるという仕組みがあれば、お金もうけにしか興味のない人でも、欲がわいてきて環境でもうけようとするわけです」

コウノトリ野生復帰事業で豊岡市が獲得したのは、成功体験と戦略性だった。目標を明瞭に見定めて戦略を描けば、自分たちの知恵と努力によって世界に突き抜けられるという確信は、この事業にかかわったすべての職員の胸に刻み込まれただけでなく、組織として新たな挑戦に一歩を踏み出すときの支えとなった。

芸術文化の過疎的消費地から創造の地へ

中貝市政を特徴づけるもう１つの取り組み「深さをもった演劇のまちづくり」は偶然から始まった。きっかけは「出《いず》石《し》永楽館《えいらくかん》」（１ページ写真㊥）の復原だった。

永楽館は１９０１（明治34）年に開業した近畿最古の芝居小屋と言われている。明治から大正にかけては主に歌舞伎が上演され、大正から昭和にかけては活動写真（映画）の上演が増えていったが、テレビの普及や娯楽の多様化を受けて１９６４年に閉館した。

しかし、いつか復活させたいという所有者の熱い思いから建物は解体されず、市町合併の前に旧出石町に寄贈されていた。往時を懐かしむ地域住民らも多く、清掃活動やイベントを通じて復活の機運を盛り上げようとしていた。

中貝は、合併直後にこの趣ある永楽館に赴き、「ひと目見て、すっかりとりこになった」のだという。役所に戻ると、すぐに復原を決め、２００８年７月、廻り舞台や花道、奈落や桟敷席などを備えた芝居小屋がかつての姿のままによみがえった。

同年８月１日からは、片岡愛之助らが出演して「柿《こけら》落《おとし》大歌舞伎」が開催され、連日満員となった。以後、秋の大歌舞伎は永楽館の恒例演目となっており、中貝の言葉を借りるならば、「その時期、出石のまちは一気に華やぐ」。

アーティスト・イン・レジデンス（芸術家による滞在型の制作）に力を入れているのも、豊岡における演劇のまちづくりの特徴だ。その拠点は「城崎国際アートセンター（ＫＩＡＣ）」であり、もともとは城崎大会議館という収容人数が１０００人台の古い県立ホールだった。年間２０００万円の赤字を出していた「お荷物施設」の大会議館が、県の行革プランによって払い下げられたのを機に、市がアーティスト・イン・レジデンス用の施設としてリニューアルし、２０１４年に開館した。

ＫＩＡＣでは、演劇やダンスの団体にホール（劇場）、スタジオ、宿泊施設、キッチンなどを無料で貸し出しており、年１回の公募によって選定されたアーティストは最長３カ月間滞在できる。初代芸術監督は劇作家・演出家の平田オリザが務め、初年度から高い稼働率を維持し続けている。市民にとっても、国内外で活躍する著名なアーティストの作品試演会を無料で見られるというメリットがある。

こうしたまちづくりを通じて「かつては芸術文化の過疎的消費地だった豊岡が、芸術文化の創造の地に変わりつつある」と中貝は自負している。

２０１０年代半ば以降、豊岡では周辺自治体とともに、但馬地域では初の4年制大学の誘致を目指し、演劇と観光に特化した専門職大学の設置準備も進めていった（２０２１年4月、芸術文化観光専門職大学として開校）。

また、演劇は学校教育にも取り入れられ、２０１７年度からすべての小・中学校で小学6年生と中学1年生が、即興劇の手法を使った授業を受けている。その目的はコミュニケーション能力の向上であり、平田が主宰する劇団「青年団」の団員たちが指導に当たる。

コミュニケーションとは言うまでもなく双方向のやりとりであり、自分の意見を伝える能力だけでなく、相手の考え方を理解する能力、つまり共感力が求められる。

演劇の手法を用いた教育では、児童・生徒が協働で演劇をつくっていく過程で、他者と向き合い、意見をすり合わせて合意形成を図っていくことで、この共感力を高めていく。さらに、自分たちでつくった劇を演じる過程で、自分とは異なる人物に実際になってみることで、他者に対する想像力も育まれる。他者への想像力が豊かになれば、自分の意見や考え方を伝える表現力も向上する。

「コミュニケーション能力が必要なのは、人はみんな違っているから」だと中貝は言う。

「将来、子どもたちは、今よりもはるかに多様性に満ちた世界を生きることになります。そういう中、自分とはまったく異なった人たちと、なんとかやりくりして一緒に生きていかなくてはならないし、組織に属していれば、さまざまな視点を持つ多様な他者と協働して、正解のない問題に対する、より確からしい結論を導き出していかなくてはならない。そのためには、違いに耐える力が必要で、それを演劇で身につけてもらおうというのがコミュニケーション教育の狙いなんです」

「小さな世界都市」というタグライン

市長時代の中貝は「小さな世界都市を創る」という旗印を掲げた。小さな世界都市とは「人口規模は小さくても、世界の人々から尊敬され、尊重されるまち」を意味しており、「Local《ローカル》 &《アンド》 Global《グローバル》 City《シティ》」という英訳が当てられた。

これは一見、ビジョンのように見えるが、「ビジョンではなくて、物事と向き合う際の〝構え〟」であるというのが本人の説明だ。

「『小さな世界都市』といっても、言葉としての抽象度が高いし、中身はがらんどうで、どうやって身を立てるのかを語っていない。でも、世界で輝けるまちを目指していれば、何をすべきかという選別ができる。何に手を出して、何に手を出さないか、という選好が起きるんです」

広告の分野では、企業のロゴマークに並んで添えられるスローガンや、テレビコマーシャルで企業名とともに放送されるメッセージを「タグライン（Tagline）」と呼ぶ。ホンダの「The Power of Dreams」、ニトリの「お、ねだん以上。」などがそれに当たり、キャッチコピーが商品やサービスの販売促進のために使われるのに対し、タグラインは自社の理念や顧客への提供価値を表す。その意味では、「小さな世界都市（Local & Global City）」は、豊岡市が目指す方向性を示す自治体版のタグラインに当たると言っていいだろう（ちなみに市のホームページを見ると、今でもこの言葉はロゴタイプ（市名）の上に明示されている）。

この〝構え（タグライン）〟によって、中貝が選び取ったのは、資本力のある大都市と大きさや高さや速さを競うのではなく、「深さ（蓄積）」と「広がり」を対抗軸とすることだった。

「地域の自然、歴史、伝統、文化に深く根差した取り組みを通じ、世界と広くつながっていく。グローバル化が進んで世界が急速に同じ顔になっている今だからこそ、ローカルであること、地域固有であることをチャンスにする。そういう姿勢を貫くほかないと思っていました」

そして「小さな世界都市」を実現するための方策として推進してきたのが、1つには、コウノトリをシンボルとした環境都市の創造であり、1つには、「深さをもった演劇のまちづくり」

だった。併せて、城崎温泉のインバウンド拡大についても、「観光の輸出」と位置づけて後押ししてきた。

若者回復率の衝撃

こうしたさまざまな施策を打つ一方で、人口減少をいかにして緩和するかという難題にも、豊岡市は戦略的に向き合おうとしてきた。１９８０年代に9万人を超えていた総人口は、２０１０年には約8万５０００人となり、２０４０年には約5万７０００人にまで減ると推計されていたからだ。

地方創生総合戦略を策定した２０１５年の時点では、市は、人口減少の最大の要因は、若者の転入より転出が多いこと、つまり「若者の社会減」にあるととらえていた。人口移動のデータを分析したところ、ほとんどの年齢層で転入・転出の数はほぼ均衡していたが、高校を卒業した男女の約8割が進学や就職のために京阪神地区などに出ていき、そのまま帰ってこないケースが多く見られたためだ。加えて、未婚率の上昇によって出産適齢期の夫婦の数が減少したため出生数が低下し、ただでさえ減っている子どもたちが成長して高校を卒業した段階でまた転出超過になる、という悪循環も起きていた。

そこで、豊岡市では、地方創生戦略会議の副座長を務める中嶋圭介（神戸市外国語大学国際関係学科准教授）のアドバイスに従って、「若者回復率」という独自の指標を設定した。これは、５年おきに実施される国勢調査のデータを用いて、10代の転出超過数に対する20代の転入超過数の割合を導き出すものであり、この数値を見れば、まちを出ていった若者が５年以内にどのくらい戻ってきているのかが把握できる。

地方創生総合戦略では、この若者回復率を10年間で50％に引き上げるという目標が定められた。「戦略とは切り捨てること」という中貝の考えのもと、この目標の達成に向けてすべてのエネルギーを集中させ、それ以外には手を出さないという方針も決定した。直近の若者回復率（２００５～10年）は34・２％（男性34・７％、女性33・４％）だった。

ところが、その２年後の２０１７年春、２０１５年に実施された国勢調査の結果を基に最新の若者回復率（２０１０～15年）を計算したところ、驚愕《きょうがく》の事実が判明する。

全体では39・５％と前回より５・３ポイント上昇していたが、男性が52・２％と17・５ポイント上がっているのに対し、女性は26・７％と逆に６・７ポイントも下がっていたのだ。前回はまったく見えていなかった男女差がはっきりと浮かび上がり、庁内に衝撃が走った。

いったい何が起きたのか。

実は男性の若者回復率は景気に大きく左右される。景気がよければ、都市部の大企業の採用が増えるため、地元に帰ってくる若い男性は減るが、景気が悪くなると、就職先を求めて地元に帰ってくる男性が増える。下の図表0－2で、１９９０～95年の男性の若者回復率が64・7％と非常に高くなっているのは、その間にバブル経済の崩壊が起きたからだと考えられる。逆に２０００～05年や２００５～10年の男性の若者回復率がきわめて低いのは、２００２年から08年まで続いた「いざなみ景気」の影響だと説明できる。これに対し、女性の若者回復率はほぼ一定して男性の回復率よりも低く、しかも大きく上がることがない。

ただ、地方創生総合戦略を策定した２０１５年の段階では、市はまだ２００５～10年の数値しか見ておらず、しかもその間の若者回復率はたまたま男女差が小さかったため、男性の回復率が景気に左右されるというデータとしての特性や、女性の回復率が長年にわたって低水準になっていることに気づけていなかった。

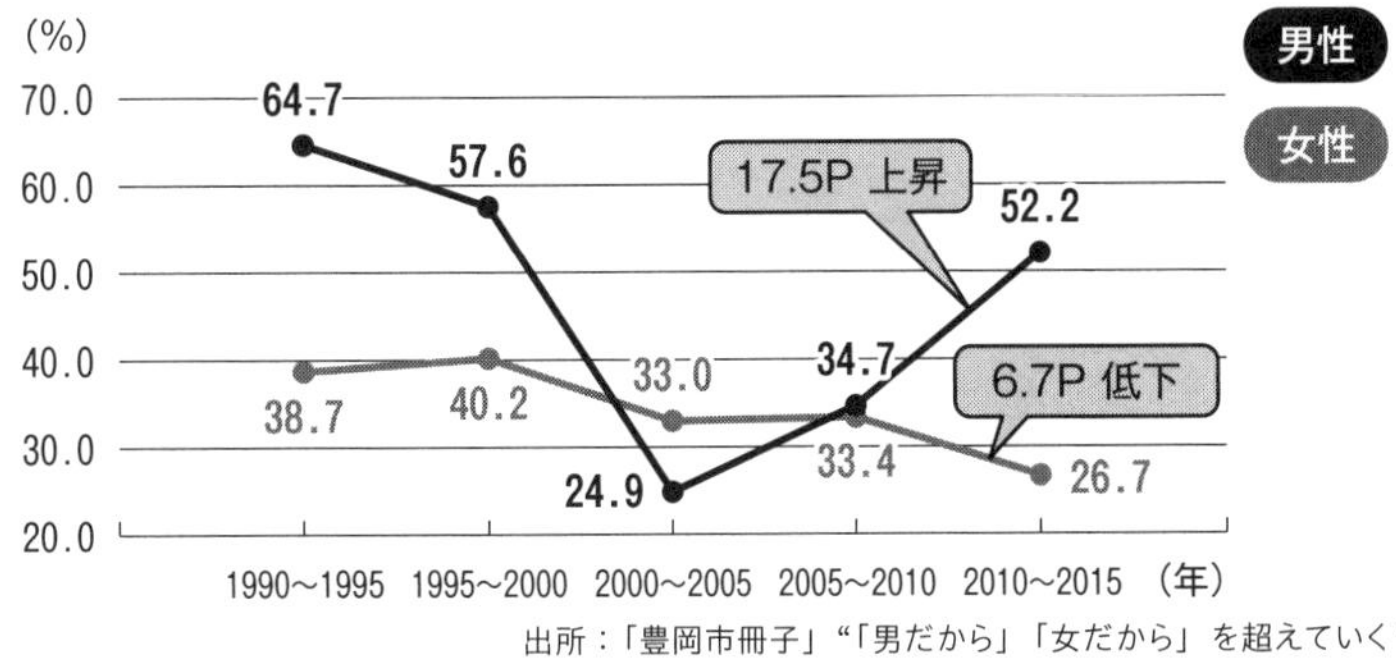

出所：「豊岡市冊子」“「男だから」「女だから」を超えていく”

図表0-2　豊岡市の若者回復率

2017年になって初めて、豊岡は、「このまちで暮らす価値」が若い女性に選ばれていないという厳しい現実を突きつけられたのだ。

トヨオカがショックに見舞われたのは、2021年に中貝が落選したときが最初ではなかった。そこからさかのぼること4年前、若者回復率の男女別データによって人口減少の真の原因が明らかになったときが1度目のトヨオカ・ショックであり、その衝撃は市関係者らを激しく揺さぶるとともに、まちの未来に対する不安を呼び起こした。

後の2021年に策定された「豊岡市ジェンダーギャップ解消戦略」の冒頭は、次の一文から始まる。

気がつくと、若い女性たちが、まちからすーっといなくなっていました――。

2度のトヨオカ・ショックから現在に至るまでの5年余り、中貝をはじめ、市職員はどのように考え、行動してきたのか。市内の企業関係者や地域づくりにかかわる住民たちはどのように変わっていったのか。次章からはそのストーリーを追っていく。

第1章

なぜ豊岡は〝戦略的〟なのか

Organizational
Capability

逆噴射を止めなければ地方創生は実現しない

豊岡市に若者が帰ってこないとしたら、その理由は何なのか。２０１５年の時点で、市長の中貝宗治が考えていたのは、次の2つだった。

「まず経済的な魅力に乏しいということですよね。大企業がない。華やかな仕事がない。給与水準も低い。もう1つは、地方創生戦略会議のメンバーだった平田オリザさんが言っていたことですが、文化的な魅力に乏しい。大学で教えてきた平田さんは『仕事がないからという理由で地元に帰らない学生には会ったことがない。みんな、つまらないからと言うんです』と話していた。確かにそうだなと僕も思っていました」

だが、若者回復率に大きな男女差があるということは、「若い女性」が豊岡を選ばない理由、つまり経済的魅力や文化的魅力の乏しさとは別の「第3のファクター」があるはずだと中貝は考えた。

「２０１７年に回復率の男女差に気づいたときは、まだ論拠となるデータがあったわけじゃないですけど、市役所の幹部にも女性は少ないし、市内では女性の経営者もあまり見かけない。ということは、豊岡では女性に社会的な役割を期待してこなかったのではないか、第3のファクターは、社会的な男女格差、つまりジェンダーギャップが存在していることではないのかというふうに直感的にわかったんですよね」

「ジェンダーギャップ」という言葉は、スイスのダボスに拠点を置く世界経済フォーラム（ＷＥＦ）が、２００６年に発行した「グローバルジェンダーギャップ報告書」で、世界各国の「健康」「教育」「経済」「政治」における男女間格差の状況を「数値」で示し、ランキングし始めたことから、世界中に広まった。それ以前も、国連開発計画（ＵＮＤＰ）が、同様の指数やランキングを発表していたが、ビジネスリーダーに影響力のあるＷＥＦが「ジェンダー不平等の放置は、経済合理性に反する」という姿勢を示したことで、経済界を起点に一気に浸透した。

　ジェンダーギャップの解消とは、「ジェンダー平等の実現」という国際社会共通の目標の達成に向けて、現状をデータで可視化し、進捗《しんちょく》状況を測定するプロセスでもある。

　豊岡市では、２０１７年に若者回復率の男女差が明らかになった後、一度都会に出て豊岡にＵターンしてきた若い女性に対してヒアリングをかけた。それだけではなく、Ｕターンしてきた女性たちに質問シートを渡して、「Ｕターンしていない友人女性」の声も聞き取ってもらった。

　それらを分析した結果、やはり浮かび上がってきたのが、若い女性たちが抱いている「男性中心社会への嫌悪感」だった。

このことは、後にデータによっても裏づけられた。豊岡市の女性の平均給与収入額は、18〜30歳では男性の73・4％、51〜60歳では男性の52・3％となっており、年齢が上がるにつれて男女格差が広がっていた（図表1−1）。雇用形態を見ても、男性の81・5％が正規雇用だったのに対し、女性の場合は45・6％にとどまっており、女性は非正規雇用が過半数を占めていた（図表1−2）。女性の非正規雇用が多いのは、結婚や出産を機にいったん仕事を辞めた後、非正規で再就職する人が多いからであり、男女の平均給与収入額に大きな格差が生じているのもそのためだと推測された。

中貝は、「環境」と「演劇」と「インバウンド拡大」を、豊岡が世界に突き抜けるための「3つのエンジン」に、たとえてきたが、「ジェンダーギャップによって逆噴射が起きていた」と表現する。

「この逆噴射を止めない限り、魅力的なまちをつくろうと一生懸命に取り組んでも、女性の流出を止められないし、そうなると、少子化は確実に加速する。これは地方創生のリアリズムです。僕は、すべての自治体も政府も、ジェンダーギャップ解消を地方創生戦略の中に標準装備として位置づけるべきだと思ってますよ」

中貝がそのように強調するのは「人口減少の原因は出生率の低下ではない」と確信している

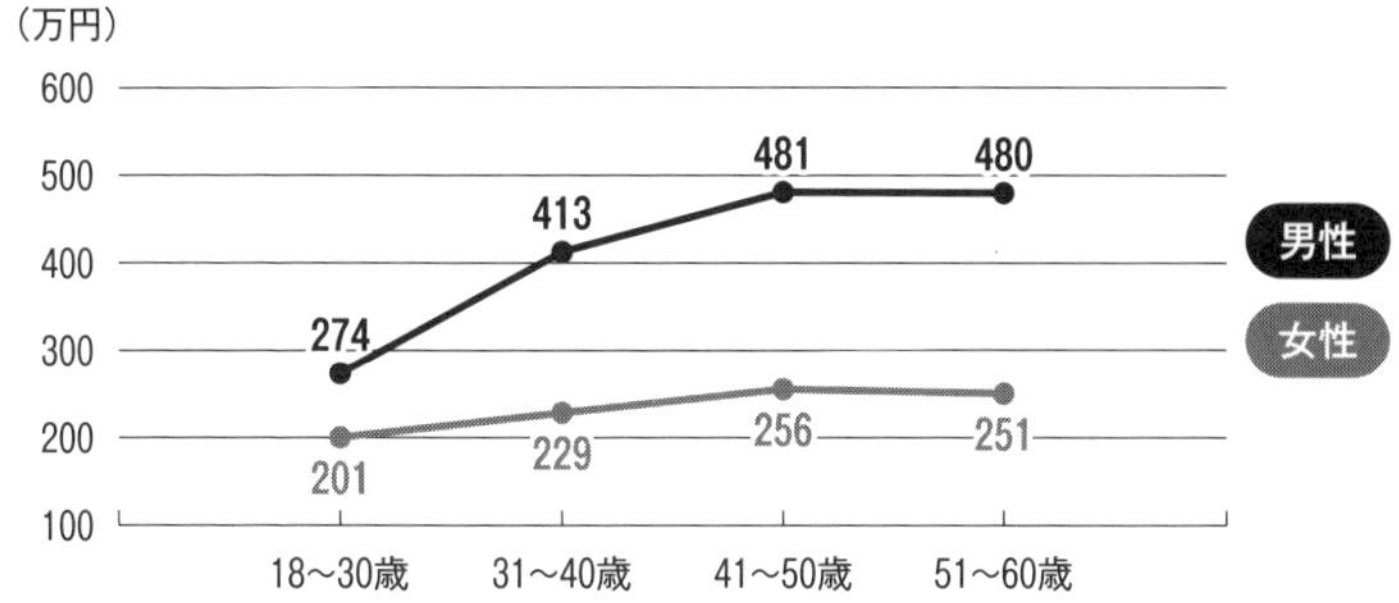

出所：「豊岡市冊子」“「男だから」「女だから」を超えていく”

図表1-1　豊岡市に住み、事業所で働いている人の平均給与収入額

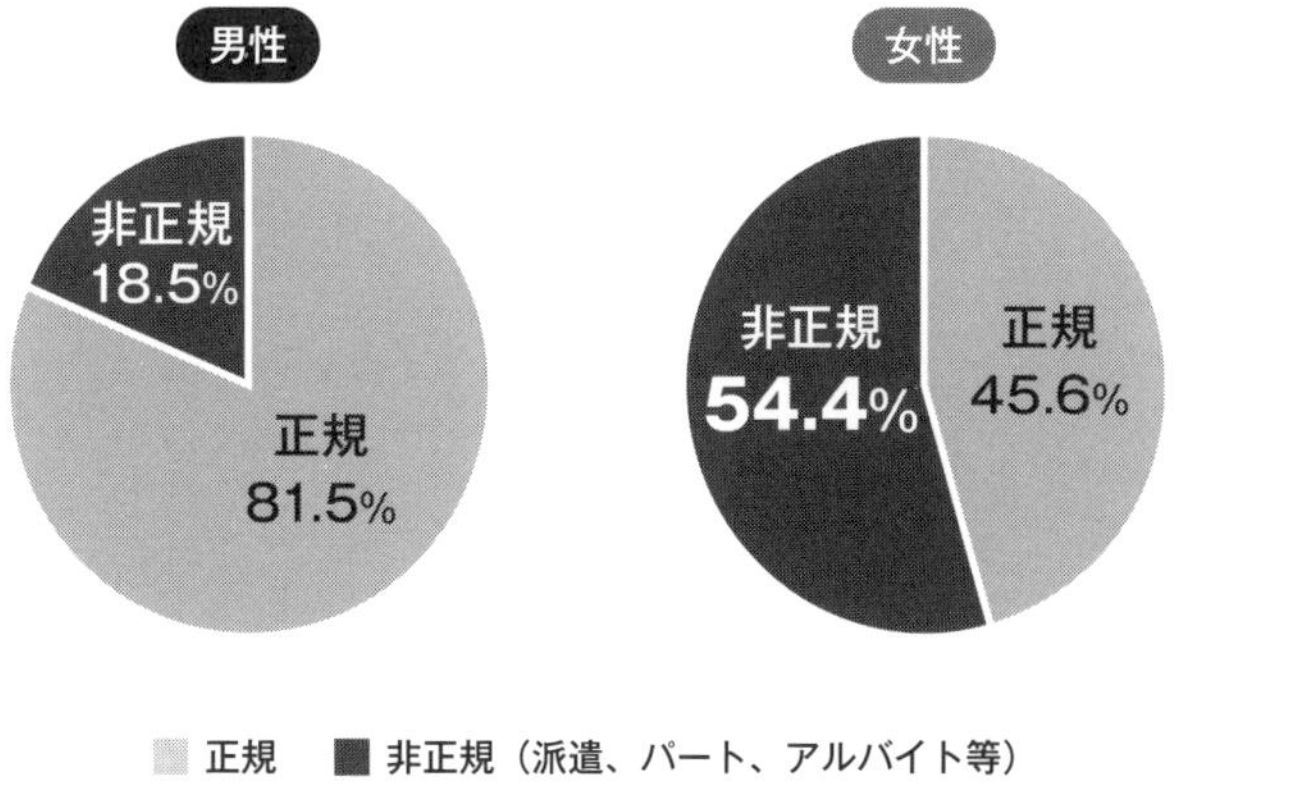

出所：同上

図表1-2　豊岡市の就労者の雇用形態

からでもある。

「以前は、僕も少子化の原因は出生率の低下だと思っていましたし、子どもを何人持つかは個人の意識の問題だというふうに思考停止して逃げていたんです。でも、地方の人口減少の原因は出生率の低下ではなくて、女性の社会減なんですよね。その証拠に、東京都は出生率が全国最低なのに、0〜14歳の子どもが増えている。それは、若い人たち、とりわけ若い女性を引き寄せているからです。これに対して、地方では出生率が高くても、そもそも女性の数が減っているので、夫婦の絶対数が減って、少子化が発生している。そのことが見えたとき、これは闘いようがある、というか、やりようがあるなと思った」

まともな経営者ならわかるはず

豊岡におけるジェンダーギャップ解消に向けた取り組みは、まず市内の企業や事業所を対象に始まった。その理由を中貝は「手をつけやすいところから手をつけた」と明かす。

「いきなり個々の家庭に手をつけて、夫たちに説教しても『放っておいてくれ』という話になってしまうでしょ。地域の住民たちにも『女・子どもは黙ってろ』みたいな考え方が染みついている。だけど、企業や事業所は合理的に損得で動く可能性が高いと思った。この人手不足の時代に、性別で人材のえり好みなんてしてはいられないし、せっかく採用できた人に、女性だからという理由で補助的な仕事だけをさせていたら人材の浪費でしょう。そういうことは、まともな経営者ならわかるはずなんです。だから、まず職場に手をつけて、それから地域や家庭に広げていこうという作戦を立てた」

もう１つ、中貝が職員らに言い聞かせていたのは、「観念論に陥ってはいけない」という戒めだ。

「相撲の土俵に女の人は上がってはいけないという伝統はどうなのかとか、宗教上の理由で女人禁制となっている山があるのはいかがなものかといった観念論には何の意味もないんです。大事なことは事実を見ること。優秀な人材を採用し、雇用して、利益をあげなければ、企業の経営は行き詰まる。そういう事実を示すことができれば、経営者たちは乗ってくる。たとえ頭の中が『男社会』の観念で凝り固まっている人でも、事実を知れば、観念が変わる」

２０１８年にスタートした取り組みで市の実働部隊となったのは、環境経済部ＵＩターン戦略室だった。当時は上田《うえだ》篤《あつし》が部長兼室長を務めていた。

その上田自身も、兵庫県内の私立大学を卒業後、いったん県外で就職し、その後、地元豊岡に戻ってきて市職員に転職したＵターン組だ。といっても、経歴は少々変わっている。最初に就職したのは大手日用品メーカーで、広島の支店に配属されたが、１年ほどで辞めた。理由は「パワハラ体質の支店長とケンカしたから」だった。

「先輩たちも非人道的な扱いを受けていたのに、みんな我慢していたので、1年目の僕が言うしかなかったんですよね。手も出しかけたけど、抑えました。それで辞めることになって、豊岡の小売業のチェーンストアで働こうかなと思っていたんですが、市役所が中途採用を募集していると聞いて、とりあえず試験を受けてみたら採用が決まった。給料はガクッと下がりましたし、仕事の流儀も民間とは違うので、最初は戸惑いましたけど」

　上田は当初、企画畑を歩み、コウノトリ共生課で初めて課長職に就いた。ちょうど自然放鳥が目前に迫っていた時期で、上田たちは、大陸から飛来して居ついた「ハチゴロウ」（8月5日にやってきたため、そう名づけられた）という野生のコウノトリの観察を連日繰り返したという。

「コウノトリは田んぼに植えたばかりの苗を踏み荒らすのではないかと心配する農家がいたので、田植え後の田んぼをハチゴロウが何歩歩いて、何株の苗を踏むのかを、夜明けからカウントしていました。ところが、双眼鏡でずっと見ていると、苗を踏まないように上手に歩くんですよね。踏んでしまった苗があっても、1週間ぐらいで元に戻っていた。そういうデータを集めて農家に示して理解してもらっていましたね」

　もっとも、そんなふうに役所の仕事に日々追われてきた上田は、家族に迷惑をかけたという後悔の念も抱えている。

１９９４年に開催された「豊岡・世界のかばん博'94 in ひょうご」を担当していた頃のことだ。月の半分以上は東京に出張し、残業時間も月２００時間を超えるという激務が続く中、子育てと祖父母の介護をすべて妻に負わせてしまった。その結果、妻はパニック障害を発症した。

「子どもが生まれてまだ間もない頃だったんですが、あの時代は、やっぱり育児や介護は妻がするものという性別役割分担の風潮が強くて、自分も１００％それに乗っかってしまっていた。今頃になって、申し訳ないことをしたと本当に思っています」

だからこそ、現在、豊岡を訪れる視察団などに対して、上田は「ジェンダーギャップ解消は、過去の社会のありようや人々の生き方を否定するものではない」と繰り返し訴えてきた。

「産業構造や人口構成の変化に対応しながら、すべての人にとって生きやすい社会、持続可能な地域社会をつくっていくための取り組みだととらえています。『気づく』『自分ごとにする』『行動する』というステップを踏んでいくことが大事だし、豊岡ではそうやってきたんです」

先行していた人手不足対策

現場はどうだったのか。市長の中貝が気づいていたように、当時すでに豊岡の経済界では人手不足がかなり深刻化していた。特に城崎温泉では多くの旅館が採用難にあえいでいた。
市環境経済部ＵＩターン戦略室で、先行してこの問題を担当していたのは、若森洋崇《わかもりひろたか》だった。彼もまた、都会で学生生活を謳歌《おうか》した後、豊岡に帰ってきたUターン組のひとりだ。

高校卒業後、東京に出て私立大学の文学部に進学した若森は「こんな世界があったのか！」と驚いたという。

「周囲を見回すと、右翼もいれば左翼もいる。芝居をやっている奴も応援団もいるし、破れたジーンズをはいてくる奴も帰国子女もいる。男女の違いを意識することもまったくなかったですよ。2年生になって教育学専修のクラスに入ったら、男子8人に対して女子は32人いたし、女子の方がよく勉強していて成績もよかったですね」

時代はバブル経済真っ盛り、就職活動は超売り手市場、若森も地元に帰るつもりはなく、大手生命保険会社から採用の内定を得た。都内で開かれた内定式にも出席した。

ところが、豊岡の父親や親戚からは「帰ってこい」と促された。

「先に兄が地元を出て、大阪でシステムエンジニアとして働き始めていたんですよね。そうすると、親や親戚は『お前が帰ってこなかったら、うちの墓はどうするんだ』とかね、本当に言うんです」

仕方なく市役所の採用試験を受けてみたところ、1次の筆記にも2次の面接にも合格してしまい、悩んだ末に大手生保の内定は断った。

「都会で満員電車に揺られてサラリーマン生活を送るよりも、地方で豊かな生活を送った方がいいかもしれない」という思いもあったのだという。

だが、気持ちも新たに故郷へと戻り、市役所に初めて出勤した日、年かさの女性職員からかけられた言葉に愕然《がくぜん》とする。

「若森さんはコーヒー？　お茶？　ミルク、砂糖は入れる？」

その頃の市役所では、補助的な業務は女性職員の仕事と決まっていて、午前10時と午後3時のお茶くみもその中に含まれていた。

「なんなんだろう、これはと思いました。僕が大学のキャンパスで見ていたのとはぜんぜん違う〝絵〟が目の前に広がっていた」

しかし、そんな若森自身も、男性職員が優遇される市役所で、建設課、財政課、総務課などさまざまな部署を渡り歩きながら実務経験を積むという恩恵を受けてきた。コウノトリ共生課では上田とともにハチゴロウを観察し、環境経済部に移ってからは、地方創生や経済政策の仕事に携わった。

その間、家事や育児は妻に押しつけてばかりだったという反省もある。

「妻は同期の市職員なんですけれども、僕がプライベートの時間を役所に提供してでも、貴重な経験を積んでいたのに、妻には真逆のことを強いていた。その頃はそういうものだと思っていたんですよね」

話を戻そう。環境経済部UIターン戦略室で城崎温泉の人手不足対策を担当する前、若森はかばん業界の人手不足対策にも取り組んだことがあり、3カ月間のトレーニングで縫製ラインに立てる人材を養成するプログラムを業界とともに立ち上げた。そのときに気づいたのが「子育てがひと段落したから仕事に戻りたいと思っている女性がたくさんいること」だった。

そこで城崎の人手対策では、知り合いのリクルート社員から紹介された同社出身のコンサルタント、小安美和（株式会社Will Lab〔ウィル・ラボ〕社長）の協力を仰ぎ、「プチ勤務」の普及に努めることにした。プチ勤務とは、シフトや業務の細分化によって週1～3日、1日1～3時間といった柔軟な働き方が可能となる勤務形態を指しており、若森と小安は、導入を希望する企業と就労を希望する女性のマッチング事業の準備に取りかかった。

市長の中貝が「ジェンダーギャップ解消」という大号令を突然かけたのは、そんなさなかのことだった。若い女性へのヒアリングを担当した若森は、企業や事業所のジェンダーギャップ解消という方向性に納得感をおぼえたという。

「話を聞いてみると、『おしゃれな店がない』とか『都会で彼氏に出会った』といった理由で帰ってこない女性もいましたが、そういうのは僕らにはどうしようもないですよね。お店とか彼氏に豊岡に移ってきてもらうわけにはいかないですから。僕らにできるのは、豊岡に魅力的な職場をつくっていくことだろうし、職場のジェンダーギャップが解消すれば、帰ってくる女性を増やすことができるんじゃないかと考えたわけです」

2018年6月、豊岡市は、小安が経営するWill Labを戦略策定アドバイザリー業務の受託者に選定し、翌7月以降、上田や若森らは、小安のサポートを受けつつ、豊岡商工会議所や豊岡市商工会に対する女性の就労実態や課題などに関するヒアリング、先進地域へのヒアリング、市内の企業や事業所に対する女性の就労に関するヒアリング、有識者や先進企業に対するヒアリングなどを行っていった。

ワークショップ方式で声を拾い上げる

2018年9月13日には、市内の企業や事業所に声をかけ、20代の女性たちを集めた「キャリアデザインワークショップ」を開催した。

このワークショップでは、製造業やサービス業など10社で働く20代の女性たち12人が「キャリアを考えるうえでの壁」について話し合い、「職場で男性と女性の差を感じる」「今の会社で働き続けるかどうか迷っている」「働きがいを見つけられない」「残業ばかりで、今後は体力面で不安がある」「出産して働けるイメージがない」「子どもができたら辞める人が多い」などの意見が挙がった。

続いて翌14日には、市内で働く子育て中の女性従業員12人を集めて「働く暮らしを振り返るワークショップ」を開催した。

このワークショップで女性従業員から出てきたのは、「仕事復帰後に暮らしの充実度が上昇している」「プライベートの充実が働く意欲につながる」「女性が中心となって家事を担っている。大切にしているのは家族との時間」「働くことへの意欲は高い。一方で、仕事内容には目標を持ちづらい」「急に仕事を休むことなどに関する職場の理解が働く意欲につながる」「会社によっては、産休、育児休業、短時間勤務等を利用しづらい」「自分の時間が欲しい」「働く女性と話したい」といった意見だった。

さらに8月18日には、「女性が働きたい会社づくり」をテーマに市内の企業や事業所の経営者ら15人が集まるワークショップも開催した。

その中で、まず女性従業員の「働きやすさ」についてディスカッションしたところ、「育児休業後の支援（短時間勤務等）が少ない」「育児等による就業時間の制約がある」「残業が多い」「土・日・祝日に休めない」「有給休暇が取得しづらい」などの課題が抽出された。

女性従業員の「働きがい」については、「キャリアプランが明確でない」「ロールモデルがいない」「育児休業によりキャリアが分断される」「教育研修制度がない」「職位に対する欲がない」「女性を指導する男性が育っていない」といった課題が見つかった。

組織の「風土・意識」に関しては、「業務体制が男性優先である」「女性が意見を言える環境がない」「女性の管理職が少ない」「男性従業員とのコミュニケーションが足りない」「女性に対する配慮と男女均等とのギャップがある」といった課題が導き出された。

豊岡で行われたこれらのワークショップで、女性たちが打ち明けた悩みや不満、経営者らが挙げた多くの課題は、日本中のありとあらゆる職場で働く女性たちが、程度の差こそあれ、日々感じていることだ。女性たちの中には、自身が置かれた環境に憤りを抱えつつ必死で耐えている人もいれば、悶々《もんもん》としながらもストレスをやり過ごしている人もいる。無意識のうちに状況を受け入れている人もいる。

ただ、日本の多くの職場で女性たちの悩みや不満、職場に山積している課題が放置されている中、豊岡の市役所、企業・事業所は、遅ればせながらも、これらを自分ごととしてとらえ、解決に向けて動き始めた。そこに豊岡の先見性を見いだすことができる。

経済振興の部署が窓口を担う

２０１８年10月、前々月のワークショップに参加した15の企業・事業所と市役所が母体となって、「ワークイノベーション推進会議」が発足した。会長には、株式会社東豊精工社長の岡本慎二が就任することになった。

岡本は豊岡商工会議所の会頭も務める地元経済界の重鎮であり、推進会議の設立にあたっては「岡本会頭にいかにコミットしてもらうかがポイントだった」と上田は語る。

「すごくやる気になってくれて、市内のメーカーをはじめ、商工会議所や他の団体の会員企業にも声をかけてもらえた。そのおかげで推進会議の話が市内に広がっていって、参加企業を増やしていくことができたんです」

企業や事業所に推進会議への参加を呼びかけやすかったのは、市側の窓口が経済振興を担当する環境経済部（ＵＩターン戦略室）だったからでもあった。その点についての上田の説明はこうだ。

「中央官庁でジェンダーギャップの問題を所管しているのは、内閣府の男女共同参画局ですし、自治体でも一般にこの問題を扱っているのは男女共同参画の部署だと思うんですが、そういう部署はふだん企業や事業所との接点を持っていないでしょう。その点、うちの場合は、企業や事業所とのネットワークを日常的に築いている環境経済部が担当窓口になったので、経営者の方々への〝営業〟をかけやすかったんですよね」

実際に企業や事業所を回った若森が心掛けていたのは「〝地元のおじさん〟である自分が、自分の経験に基づいたことを自分の言葉で〝経営者のおじさんたち〟に伝えること」だったという。

「役所では、僕よりも優秀な女性職員が補助的な業務に就いていたり、出産で退職したりしている。日本企業や日本という国全体の生産性が上がらないのも、そういうことが原因ではないですか、というような話をして、そのうえで〝東京の女性〟である小安さんにワークイノベーションの意義や詳細を説明してもらうという流れでした。もともと僕自身が、多くの経営者をよく知っていたこともあって、この作戦は本当にうまくいきました」

ワークイノベーション推進会議は、市内の企業や事業所で構成される団体と位置づけられており、豊岡市役所も「市内に拠点を置く一事業所」の立場で参加している。発足に際して開催された一連のワークショップも、市職員ではなく、外部者である小安が企画やファシリテーションを担当し、市が主導する形をあえて選ばなかった。

その理由について、上田は「市があまり前に出すぎると、企業や事業所が『市役所任せ』になってしまうリスクがあったから」だと話す。

加えて若森が念頭に置いていたのは「メディア戦略」だった。

「かばん縫製の人材育成プログラムを立ち上げたときにもそうだったんですが、『地域の企業や事業所が主役』という点を強調した方が新聞やテレビで取り上げられやすいんです。せっかく推進会議を立ち上げるんだったら、メディアを通じて多くの市民に知ってもらった方がいいし、そのためにも市はあまり前に出ない方がいい。だからプレス取材もすべて岡本会頭に受けてもらいました」

では、「ジェンダーギャップの解消」を目標として掲げつつ、その文言を会議体の名称に入れなかったのはなぜなのか。

現在も推進会議のアドバイザーを務める小安は、「市役所内の人たちや企業・事業所の経営者を巻き込みやすくするためだった」と理由を明かす。

「いきなり『ジェンダー』という言葉を使ってしまうと、反発を受ける可能性もあったので、『ワークイノベーション』というネーミングによって『働き方を変える』というテーマを強調して、実際にはジェンダーギャップの解消を職場からスタートさせていく、そういう戦略でした」

市ではこの後、ワークショップで出てきた意見や課題を反映させた「ワークイノベーション戦略」の策定（２０１９年1月）に向けて動きだしていくことになる。

競争率１３７１倍の副市長公募

このようにワークショップを展開して市民から幅広く意見を吸い上げ、戦略策定に生かしていくという手法は「豊岡メソッド」の核心に当たる。というのも、豊岡市では２０１１年から、同様のやり方で行政評価や各種計画・戦略の策定を行うことで、政策の戦略性を高めるとともに、組織能力の向上につなげてきたからだ。導入したのは、民間出身で２０１７年まで2期8年にわたって副市長を務めた真《ま》野《の》毅《つよし》だった。

京セラで海外営業や米国子会社の経営などに携わった後、米国の携帯電話向け半導体大手クアルコムの日本法人、クアルコムジャパンの社長を務めた真野は２００９年、実に１３７１倍という高い競争率の選考を経て、豊岡の副市長に就任した。

転身のきっかけは、副市長公募の動画をインターネットで見たことだったという。「求む！副市長」と題した3分半きっかりの動画には市長の中貝が自ら出演し、コウノトリ野生復帰事業などを例に「失われた大切なものを取り戻す、そしてそれを守り続ける、そして引き継ぐ、それが豊岡の生き様です」と滑らかな口調で語っていた。副市長を民間公募する理由として中員が挙げたのは、市役所におけるコスト意識の徹底や戦略性のさらなる向上で、「求める副市長は優れたコーチです。監督はいます。素晴らしい選手たちもいます」と呼びかけていた。

クアルコムジャパンの社長を退任したばかりだった真野は、たまたまこの動画を目にしたとき、「まるで企業のＣＭＯ（最高マーケティング責任者）みたいだな」という印象を抱くと同時に、並々ならぬ本気度を感じたという。

「僕も故郷の香川県観音寺市が年々衰退していく様子を帰省する度に見ていましたし、地方の衰退を止めるには、官僚的な発想だけでは難しいんじゃないかと思っていた。そんなとき、民間の知恵やノウハウを使って地域に貢献できるチャンスがあることを知って、だったら受けてみようかなと、ふと思ったんですね」

市では、書類や論文の審査で候補者を８人に絞った後、中貝や役所出身の副市長、市内外の企業関係者らが面接を行った。面接の場で、「企業経営で一番苦労したのはどういうときでしたか」と尋ねられた真野は、自分が京セラの米国子会社時代に断行したリストラの経験について話した。

「サンディエゴにあった工場の製造部門を中国に、開発部門をインドに移すことになって、約３０００人いた社員を約７５０人に減らさざるをえなかったんですが、会社が生き残るためにはそういう施策が必要なんだということを、キーポジションに就いていた人たち、ひとりひとりに話して理解を得ていきました。社員たちも、サンディエゴのような人件費の高い都市で工場が続けられないことはだいたいわかってくれていたんですが、タウンホールミーティング（対話集会）を開いて、Q＆Aに時間を割き、ひとりひとりの疑問や不安に丁寧に答えたうえで、全員に同意を求めたんです」

この話を聞いた面接官たちの間では、真野に対する信頼感が一気に高まり、満場一致で任用が決まった。

具体的なアクションから学ぶ

２００９年9月に豊岡で暮らし始めた真野が役所で統括することになったのは、経済、農業、病院、行革などの部署だった。人生で初めての単身赴任であり、東京の自宅に帰る週末には、明治大学大学院ガバナンス研究科の修士課程に通って公共政策を学び始めた。

ただ、「最初の1年ぐらいは、あまり思うように仕事ができなかった」という。

「基本的に僕は成果にこだわる人間なんですが、役所で何か新しいことをやろうとすると、いろいろと理由をつけて『ノー』と言う人が多かったんですよ。やはり市町村っていうのは、国や県から言われたことを粛々とやらなくてはいけない仕事を抱えているし、そういう仕事をしている人に『変われ』と言っても、そう簡単に変わらないんですね」

中貝も、真野が副市長に就任してしばらくたった頃、2人で交わした会話の中身をよくおぼえているという。

「職員について気づいたことが2つあると言われたんですよ。1つは、市民に対する忠誠心が驚くほど高いこと。災害時はそこまでやるかというぐらい市民のために頑張っている。もう1つは、結果に対するコミットメントが恐ろしく低いこと。結果に対して責任を取らないのは、官僚の典型的な行動パターンなんですが、民間出身の彼は、そこをなんとかしないといけないと強く思ったんでしょうね」

結果にコミットできる職員を増やしていくためにはどうすればよいのか。考え抜いた末に真野がたどり着いたのは、「具体的なアクションを通じて職員に学んでもらうこと」であり、最初に取りかかったのは「環境経済戦略」の見直しだった。先述の通り、この戦略では環境と経済の共鳴が謳われていたものの、真野自身には「コウノトリ育む農法の普及に終始していて、商工業分野への展開が十分ではない」ように見えていたからだ。

２０１１年2月、真野は、市職員と商工関係の市民が協働で議論する2日間のワークショップを開いた。初日は16人（職員6人、民間10人）が、2日目は13人（職員5人、民間8人）が参加し、環境経済戦略を商工業にも波及させる方策をともに探った。

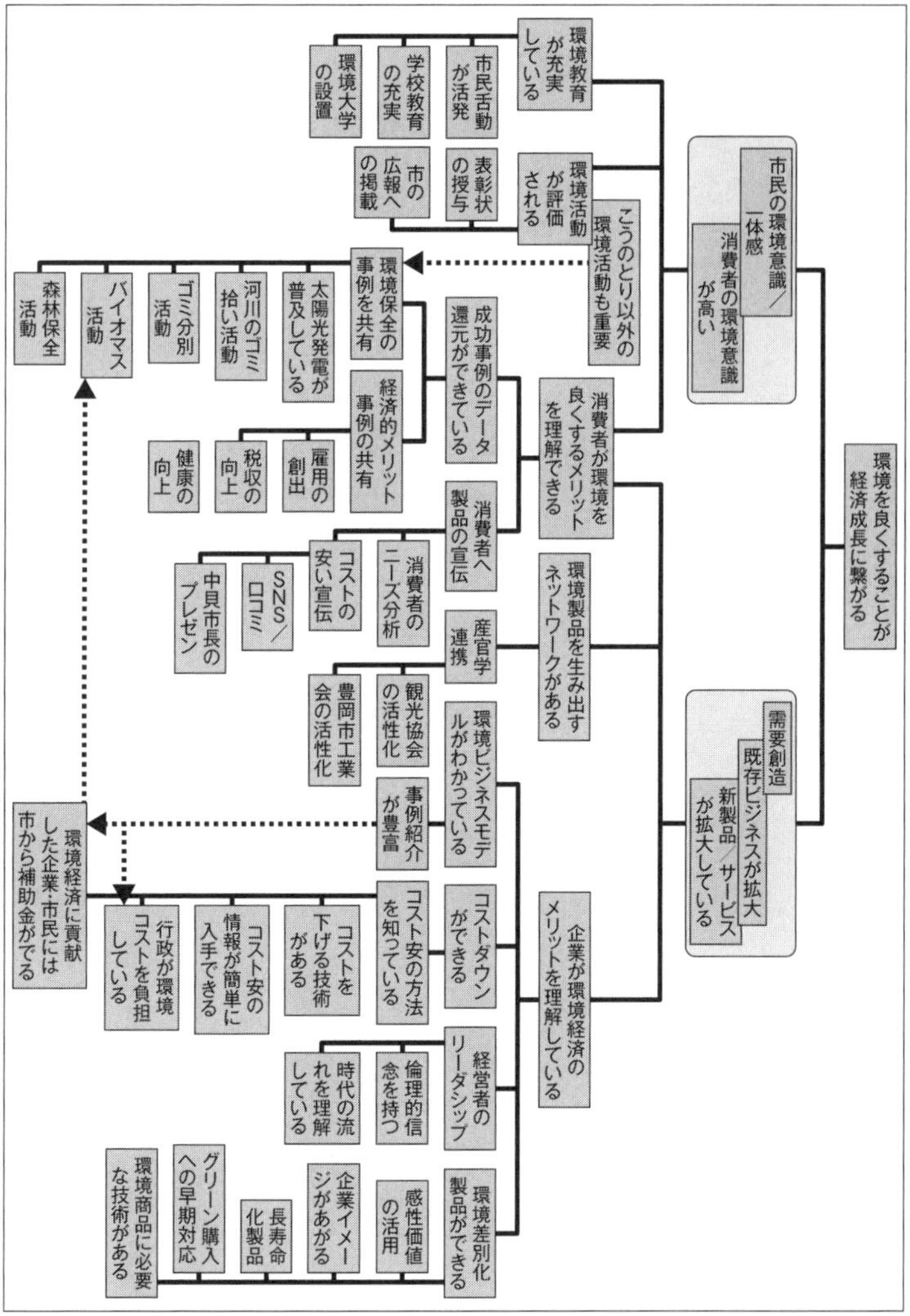

出所：真野毅「多様なアクターとの協働による新しいガバナンス体制の構築」（2017年）

図表1-3　戦略構築のためのツリー

具体的には「環境をよくする戦略が経済成長に結びついていない」という問題を、「環境をよくすることで経済が成長する」という目的に反転させ、その目的を実現するための手段を導き出して戦略を構築するというアプローチをとった（前ページ図表1－3）。これは、真野が明治大学ガバナンス研究科で学んだ手法であり、ファシリテーターは同研究科の教員に依頼した。

その後、２０１３年４月に市政策調整部の地域戦略推進課と経済部が統合して「環境経済部」が発足すると、真野は自ら同部を統括し、新たな環境経済戦略を実行に移した。その際、部に集められたメンバーに含まれていたのが、上田や若森だった。

「彼らはコウノトリの成功体験を持っているので、民間や外部の組織の人たちと一緒に新たなものをつくり上げていくことに躊躇《ちゅうちょ》がなかった。他にも熱い連中がいたので、そういう人たちを集めて、役所の中に〝出島〟をつくっていったんですよ」と真野は種明かしをするかのように語る。

意識改革のツール

環境経済戦略を見直した後、真野は行政評価の仕組みも変更していった。豊岡市では、合併後に肥大した財政の健全化を図るため、行革の一環として２００８年に「事務事業評価」を導入していたが、その効果に疑問を感じていたからだ。

事務事業評価は、多くの自治体が取り入れている一般的な行政評価の仕組みだ。豊岡の場合は、毎年、各事業の目的や内容、コストや課題などについての情報を収集し、担当課が1次評価を行ったうえで、市幹部会議による2次評価を行い、それぞれの事業について「A：継続」「B：改善小」「C：改善大」「D：休廃止検討」といった評価を決定していた。

しかし、このやり方では、一度点検して改善が施された事業にはそれ以上の改善の余地は少ないと見なされがちで、持続的な改善にはつながりにくかった。実際、豊岡でも、初年度こそ全事業について1次評価と2次評価が行われたものの、2009年度は2次評価が1次評価の30％に減少し、2010年度は1次評価が全事業の20％、2次評価は1次評価の8％にそれぞれ大幅に減少した（次ページ図表1－4）。また、2008年度にはD（休廃止検討）が1％、C（改善大）が5％、B（改善小）が70％あったが、それらの比率も年々低下していった（同）。

事務事業評価の問題点について真野は「事業を改善すべきかどうか、削減すべきかどうかという思考にしかならない」と指摘する。

「本来は、その事業が、目指す目的に対してどのような成果を出しているのかを議論すべきなのに、手段である事業をどうするかということばかりを考えるようになるんです。だから、最初の頃は事業を削減する効果はあるんだけども、2年目以降は効果が出にくくなる。なぜなら、

	2008事業		2009事業		2010事業		2011事業	
全事業数	798		777		673		673	
外部評価	17		15		12		12	
1次評価	798	100%	777	100%	136	20%	138	21%
2次評価	798	100%	236	30%	56	8%	55	8%
A 継続	202	25%	20	3%	10	1%	15	2%
B 改善小	556	70%	196	25%	40	6%	37	5%
C 改善大	36	5%	19	2%	6	1%	3	0%
D 休廃止検討	4	1%	1	0%	0	0%	0	0%

1次評価：担当部門による評価　　2次評価：担当部門以外の評価

出所：真野毅（前掲）

図表1-4　豊岡市事務事業評価の実施状況

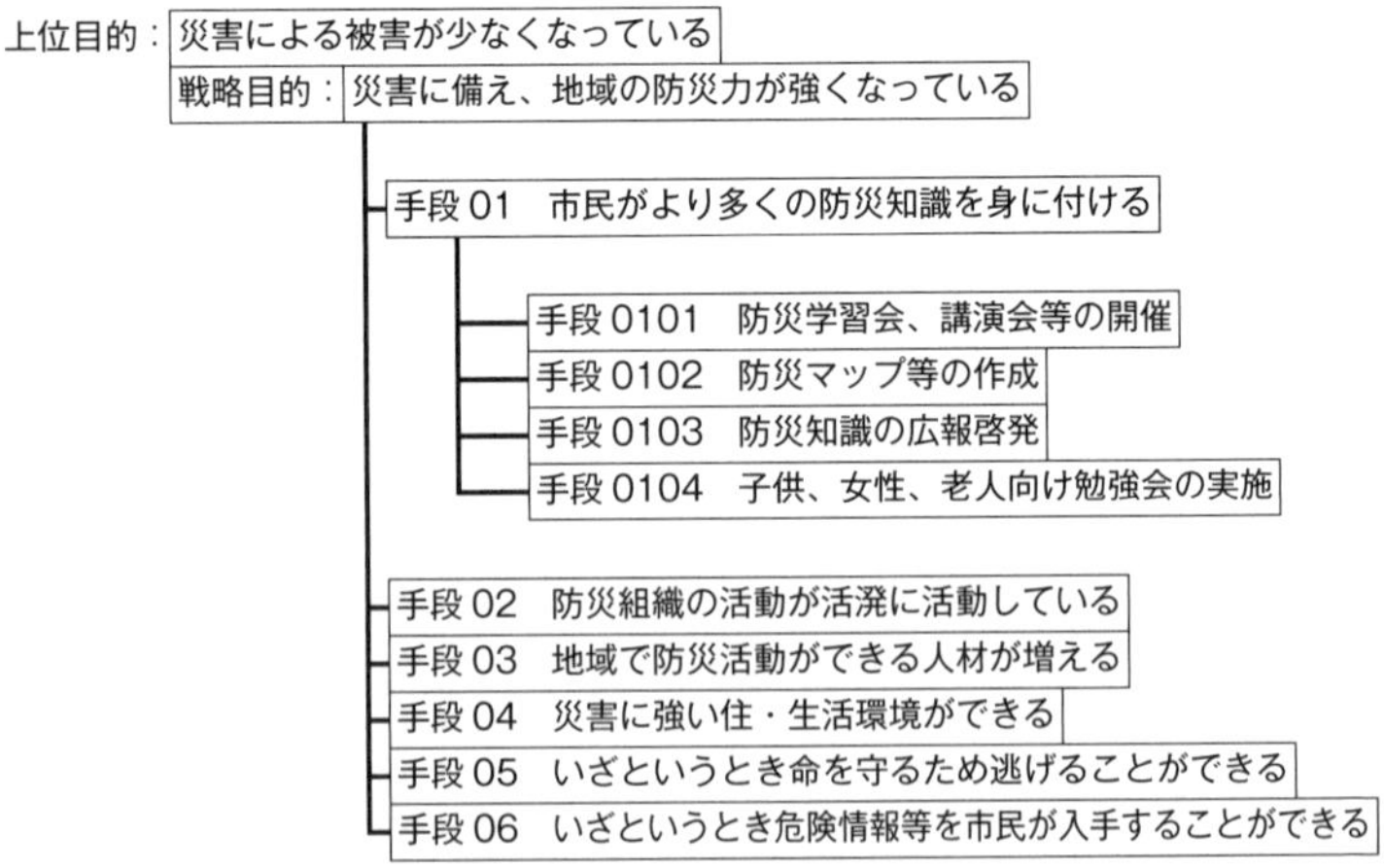

出所：真野毅（前掲）

図表1-5　安心安全のまちの戦略体系図例（2013年版）

どんな事業もそれなりに必要性があるから実施しているわけだし、そこにいろいろな人が絡んでいたり助成金を受けていたりするから」

真野は中貝に対して、「事後の評価だけでは意味はない」と告げ、新たな仕組みの導入を提案した。これも真野が大学院で学んだ手法で、豊岡市では「戦略的政策評価」と呼ばれている。

この戦略的政策評価は、市長のコミットメントが要求される政策テーマだけを対象とし、市職員と市民がワークショップを行いながら一緒に改善策を考え、「戦略体系図」を作成、あるいは修正していくというプロセスを踏む。導入に当たっては、明治大学ガバナンス研究科教授の北大路信郷（現名誉教授）や源由里子（現副学長）、助教の米原あき（現東洋大学教授）らを招いて職員研修も開催した。

戦略体系図とは、政策を実現するためのロジックツリー（目的と手段を論理的に整理し、枝分かれした樹木のように表現した図、樹形図）を指しており、豊岡では政策の最終アウトカム（目指す成果）を「上位目的」、上位目的の達成に向けて3年程度で達成すべき中間アウトカムを「戦略目的」と呼ぶ。そして、戦略目的の達成に寄与する手段を「2桁手段」、2桁手段の達成に寄与する手段を「4桁手段」と呼び、通常は計4階層のツリーによって政策の戦略体系を表している（前ページ図表1-5に例を示した）。

市では2012年10月、12の重要施策をパイロットプロジェクトに決定して、この仕組みを試行し、２０１４年から６つの政策分野に絞って本格実施に入った。以後、各政策の担当部署では毎年、市民を集めてワークショップを開催し、政策の成果を評価するとともに、戦略体系図の作成や見直しを進めていった。ワークショップに参加する市民は市の政策に関与している人たちやその受け皿となっている人たちから選ぶようにした。

また、豊岡では２０１０年から、各部長がそれぞれの部門の現状と課題解決に向けた取り組みを市長に発案する経営方針会議を行っていたが、２０１５年以降はこの会議の場でも各部門の重点事業についての発表を、戦略体系図を活用して行うことになった。

その狙いについて真野は「ツールとしての戦略体系図によって、職員の意識改革を進めるためだった」と振り返る。

「会議では各部長の力量の差が一目瞭然になってしまうんです。でも、だからこそ、どの部門にも戦略的な政策評価をしっかりやっていくんだという意識が生まれるんですよね。それまでの部長の仕事は、自分たちの部門に予算を取ってくることだったかもしれないけど、これからは違うよと。限られたリソースを使って最大の成果を出すのが部長の仕事でしょ、ということを理解してほしかったんですね」

毎年、職員十数人を大学に送り込む

戦略的政策評価を本格的に開始するにあたって、豊岡市が導入したのはツールだけではない。２０１４年から毎年、中堅や若手の職員十数人を東京に数日間送り込み、明治大学ガバナンス研究科で北大路や源の講義を直接受講する研修プログラムも整えた。

受講生は各部署で「やる気のある人材」の中から選ばれた。たとえば、ワークイノベーション推進の実務を担った若森も初期に研修を受けた職員のひとりだ。

研修では、公共経営、行政評価、社会調査などの基礎理論を学ぶとともに、ファシリテーションの技法を習得する。研修を修了した職員を市は「協働促進役職員」と呼んでおり、彼ら彼女らは、自身が所属する課が戦略的政策評価のワークショップを開催する際にファシリテーターを務めて、戦略体系図の作成プロセスを導く。現在は、子育て中などの理由で東京への出張が難しい職員に配慮して、大学側を豊岡に招く形で研修を開催している。

戦略的政策評価の仕組みやこうした研修プログラムについて、上田は「真野さんが豊岡に残してくれた大きな成果だった」と話す。「戦略体系図のたたき台を職員が知恵を絞ってつくって、市民とのワークショップで完成させていくというやり方は、ほかの自治体ではあまり見られないと思います。市役所内には研修を修了した職員がほぼ全庁的にいて、リーダーになって戦略的政策評価を実践しているだけでなく、この手法を周囲の職員にもアドバイスしている。そういう土台があるからこそ、ジェンダーギャップ解消の取り組みも納得感のある形で進めてこられているのだと思いますね」

若森も「戦略体系図を使う手法が導入されていなければ、今に至るまでの政策立案や戦略策定はこんなにうまくはいっていなかったかもしれない」と語る。

「かつての豊岡市役所は、成果を目指すというよりは、過去を踏襲するみたいなところがあったんですが、目指す将来像を明らかにして、そこからバックキャスティングで戦略や手段を考えていけるようになった。しかも、用紙１枚のロジックツリーにまとめた戦略の全体像をステークホルダーたちと一緒に見ながら、目標や手段について話し合うので、認識を共有しやすいんですよね。同じ方向を向いて対話ができる気がします」

若森の言う「バックキャスティング」とは、初めにあるべき未来像を描き、そこから逆算して課題や解決策を明らかにしていく思考法のことだ。豊岡では、地方創生総合戦略（２０１５年10月）や、アーティスト・クリエーター移住等促進戦略（２０１８年９月）の策定においてもバックキャスティングによって戦略体系図を作成してきた。

もっとも、この手法を導入した張本人である真野によれば、戦略体系図は行政評価や戦略策定のためだけに導入したツールではないのだという。導入には〝裏の意図〟も含まれており、それは「職員たちが市長に対して、ものを言えるようにすること」だった。

「長期間在職している市長はどうしてもワンマンになりますよね。そのことが豊岡の強さのドライバーでもあったんだけど、そうすると職員がだんだん市長にものを言いにくくなるんですよね。市長自身が戦略家で現場のこともよくわかっているからなおさらです。そういう市長に対して職員がちゃんと意見を言うためには、『市長が目指しているゴールはそうでしたか』とか、『その政策は手段として正しいですか』というふうに事実をベースにロジカルに話せるツールが必要なんですね。僕は、そういうツールをつくりたいと思ったんです」

志のあるネットワークを組織内に広げる

２０１８年秋に副市長を退任し、その後半年間、参与として市に残った真野は、現在、長野県立大学ソーシャル・イノベーション研究科教授を務めている。今でも研究者として豊岡との交流を続けている彼に、豊岡市職員の特徴を尋ねると、「自己効力感が高いこと」という答えが返ってきた。

「自分は組織によって動かされるのではなく、自分が組織を動かすんだという気持ちがあって、自分にできることは何なのかを考えながら、実現に向けて組織を動かせる。もちろん、そういう職員の数はまだ多くはなくて、全体の5%ぐらいだと思います。しかし、コアになりうる職員が役所内に5%ぐらいいたら、影響を受けて『一緒にやりたい』と言いだすフォロワーも出てきますよね。そういう感じで組織がどんどん動いているんだと思います」

副市長時代に真野が目指していたのは、その5%に当たる職員たちを励まして「志のあるネットワーク」を構築し、組織内に広げていくことだった。だが、行政評価の仕組みやツールや研修プログラムだけが市の組織力を高めたわけではないというふうに真野は見ている。

「やはり自治体で職員が新しいことができるかどうかは、首長が自分の頭で考えて一緒にやろうとしてくれるかどうかにかかっています。試行錯誤で物事を進めていく過程では失敗することもあるわけで、失敗を許容し、失敗からの学びをベースに次のステップに進めるような組織風土をつくり上げていくのも首長の大事な役割だと思う」

仕組みやツールやプログラムによって生み出された組織内のネットワークを、トップの支援やトップが醸成する風土によって強化していく。組織としての能力を高める「豊岡メソッド」の核がそこから見えてくる。

第2章

働きやすく、働きがいのある職場をつくる

Strategy I

ワークイノベーション戦略の策定

２０１９年1月、豊岡市は、前年に実施したキャリアデザインワークショップ（20代の女性従業員が参加）や、働く暮らしを振り返るワークショップ（子育て中の女性従業員が参加）、女性が働きたい会社づくりに関するワークショップ（経営者らが参加）などで集約された意見をベースに「豊岡市ワークイノベーション戦略」を策定した。

戦略の中ではまず、若い女性にとって「豊岡で暮らす価値」が低くなっているとの仮説を提示し、理由として以下の3点を挙げた。

①豊岡は根強く男性中心の社会であって、社会的・経済的分野において女性はもっぱら補助的な業務を担ってきた

②他方、近年、大都市・大企業などでは、多様性確保の観点から女性の採用や定着率向上の取り組みが進んでいる

③ジェンダーギャップ解消が進んでいる世界的な状況もはっきり見えてきている

そのうえで、ワークイノベーションを「働きやすさと働きがいの向上」と定義し、ワークイノベーションの主体である企業や事業所の取り組みを市が後押しし、企業や事業所のニーズを踏まえつつ、企業・事業所が実施できない事業や、単独では実施が難しい事業を行っていくことを決めた。まち全体のワークイノベーションを推進していくため、市役所内に新たに課レベルの組織を設置して体制を強化する方針も定められた。

戦略の期間は２０１８年度から２０２７年度までの10年間とし、「ありたい姿に向かって、いきいきと働く女性が増えている」という「目指す将来像」を実現するため、４つの2桁手段と14の4桁手段を講じていくことになった。

また、ＫＰＩ（重要業績指標）は、女性従業員の3分の2以上が「働きやすくて働きがいがある」と評価している企業・事業所の数とし、２０２１年度に5社、２０２３年度に15社、２０２７年度には50社に増やしていくという数値目標を設定した。

次ページの図表2－1を見ればわかるように、ワークイノベーション戦略では、3年程度で達成するべき「戦略目的」は掲げられていない。先にふれた通り、豊岡市では、上位目的（この場合は、目指す将来像）を最終アウトカム、戦略目的を中間アウトカムと位置づけているが、ワークイノベーション戦略においては、最終アウトカムへの到達に向けた道筋がわりあい見えやすく、その手前に解決すべき重点課題も特に存在しないと考えられたため、後者は設定する

ワークイノベーション戦略の体系

1. 目指す将来像　ありたい姿に向かって、いきいきと働く女性が増えている

2. 手段

01　働きやすい事業所が増えている（定着率の向上）
├01　長時間労働をさせない事業所が増えている
├02　働く時間と場所にこだわらない事業所が増えている
├03　休むことによる生産性の向上等に取り組む事業所が増えている
└04　育児、介護等があっても働き続けられる事業所が増えている

02　働きがいがある事業所が増えている（モチベーションの向上）
├01　従業員が目指す姿を共有し、協力して実現しようとする事業所が増えている
├02　期待を感じ、成長したいと思い、自ら行動する従業員が増えている
├03　従業員の成長を支援する事業所が増えている
└04　自分のキャリアプランを考える従業員が増えている

03　働きがいがあり、働きやすい事業所が知られている（成果の可視化）
├01　事業所の働きがいや働きやすさを評価する仕組みが知られている
├02　働きがいや働きやすさの評価を受ける事業所が増えている
└03　働きがいがあり、働きやすい環境づくりに取り組む事業所が知られている

04　性別役割分担意識にとらわれない人が増えている（意識の変化）
├01　すべての従業員が活躍する必要性を説明できる人が増えている
├02　すべての従業員をフェアに処遇できる人が増えている
└03　休暇取得等により育児、介護等を行う男性従業員が増えている

3. KPI（重要業績評価指標）

女性従業員の2／3以上が「働きやすくて働きがいがある」と評価している事業所の数

目標値　2021年度　5社
　　　　2023年度　15社
　　　　2027年度　50社

出所：「豊岡市ワークイノベーション戦略　2019年1月作成」

図表2-1　ワークイノベーション戦略の体系

必要はないとの判断に至った。

フェアネスと命への共感

ワークイノベーション戦略の中では、ジェンダーギャップが問題である理由について、次の4つが挙げられている。

① 人口減少の加速
② 社会的損失
③ 経済的損失
④ 公正さ（フェアネス）と命への共感に欠ける

実は、4番目の文言は、策定作業の終了直前まで盛り込まれていなかった。若い女性が戻ってこなかったら、まちの人口はどんどん減っていく。女性が能力にふさわしい役割が与えられていない状況は社会的な損失につながる。人材確保が困難な中、女性に就職先として選ばれない企業や事業所の経済活動は停滞する。

「そういう順番で考えていましたからね。僕自身、フェアネスについてはわかっていなかった」と前市長の中貝宗治は振り返る。

しかし、戦略の全体像がほぼまとまり、庁内における最終決定を翌日に控えた夜、中貝は自宅で眠りに就く前に、ふとあることを思い出した。それは、市役所で女性初の部長に抜てきされた岸本《きしもと》京子《きょうこ》という職員に、２０１８年の新年会の席上で言われたことだった。岸本は旧日高町の職員として採用され、合併後に豊岡市政策調整課の課長補佐や課長を経て地域コミュニティ振興部長を務め、間もなく定年を迎えようとしていた。

新年会で、「どうしたら若い女性が豊岡に帰ってきてくれるのだろう」という話題になったとき、中貝は岸本にこう言われたという。

「日高町役場で女性が課長補佐になることなど夢のまた夢だと思っていました。後輩の女性職員を応援しようにも、採用されるのは男性ばかりで、女性の採用はあまりありませんでした。幸い、自分は部長になることができましたが、多くの女性職員はこれまでさまざまなものを断念してきたんです」

その場ではなんとなく話を聞き流した中貝だったが、ワークイノベーション戦略の文案を決定する前夜になって、「女性職員はこれまでさまざまなものを断念してきた」という言葉が脳裏によみがえったのだ。

「そのとき、あ、フェアネスだと気づいたんですね。ジェンダーギャップが問題なのは、公正さに欠けているからなんだと。考えてみればそうですよね。市役所の男性職員は、家事や育児を妻に任せっきりにして、職場では女性職員に補助的な役割に追いやる文化に寄りかかって、いろんな部署を回ってキャリアアップしてきた。その挙げ句に『女は伸びない、成長するのは男だ』と言ってきたわけです。これはフェアプレーとは言えない」

中貝の頭の中には、フェアネスの欠如とは、「命への共感」に欠けていることだという考えもすぐに浮かんだ。市では２０１２年に「豊岡市いのちへの共感に満ちたまちづくり条例」を制定していたが、条例化の責任者がまさに岸本だったからだ。

「条例は、『命は限られている』という視点に立って定められたんです。だから自分の命が大切なだけでなく、他者の命も大切なんだと。だけど、自分はぜんぜん実行していなかった。組織の経営者が、働く個人が抱えるバックグラウンドや家庭の事情をいちいち気にかけていたら、仕事がなかなか前に進みづらくなります。だから僕は、できるだけ職員の背景には踏み込まないようにしていたんです、市の経営者としてね。でも、岸本さんの言葉はそういう僕の考え方をいっぺんに突き破りましたね。経営者として本当に申し訳なかったと思いました」

その夜、布団から起き上がった中貝は、ワークイノベーション戦略の文言作成に携わっていた若森洋崇に電話をかけ、「ジェンダーギャップの問題点にフェアネスの要素を入れるように」

と指示した。

若森は「市長のおっしゃることはわかります。だけど、推進会議で一緒に戦略の策定作業を進めてきた企業経営者たちが『フェアネスの欠如』という言葉にどう反応するのか、ちょっと心配です」と言って時間の猶予を求めた。

後日、経営者らと話し合った若森から「市長、心配することはありませんでした。みんなわかっていただけました」という報告があり、ジェンダーギャップは「公正さ（フェアネス）と命への共感に欠ける」という文言が戦略に盛り込まれた。

それから数カ月たった頃、若森が市内の経営者たちの会合に出席してワークイノベーション戦略について改めて説明する機会があった。ジェンダーギャップの問題点について「人口減少の加速、社会的損失、経済的損失……」と若森が語りだし、次に「フェアネス」という言葉を口にした瞬間、経営者たちが一斉に顔を上げ、視線を前に向けて、じっと自分の方を見つめたことを若森は鮮明に記憶している。

「あの視線を感じたとき、ああ、中貝さんはさすがだなあって思いました。僕はね、企業や事業者側のメリットを訴えた方がわかりやすくて、行動変容にもつながりやすいだろうというふうに考えていたんですけども、実は経営者のみなさんはそうではなかった。自分は浅はかだったなと思いました」

何日か後、若森がそのことを中貝に伝えると、中貝は「ああ、そうか」と言って快心の笑みを返したという。

〝たかが庶務〟と思ったことはない

前述の通り、豊岡市役所は、市内にある事業所の1つとしてワークイノベーション推進会議に参加しており、ワークイノベーション戦略を確実に進めていくためには、市役所が率先垂範の姿勢を示す必要があった。そこで市が着手したのは、ワークイノベーション戦略の「市役所版」を策定し、実行に移していくことだった。戦略は「豊岡市役所キャリアデザインアクションプラン」と名づけられ、定年後に非正規の職員として総務部職員課に残った岸本京子が担当することになった。

日高町の農家に生まれた岸本は高校を卒業後、豊岡市内の短期大学に合格したが、「親に負担をかけるよりは早く仕事に就きたい」と考えて、町役場に就職した。役場では主に庶務（補助的業務）や窓口業務に従事し、事業の担当を任されるようになってからも、部署内の庶務を兼務することが多かった。

だが、結婚・出産後も仕事を辞めようと思ったことはなく、庶務の仕事にもやりがいを感じていたという。

「新年会の席で、中貝さんに『市役所の女性職員はいろいろなものを断念してきました』と言ったのは、確かにその通りなんですが、〝たかが庶務〟と思ったことは一度もなくて。誰かが庶務をやらなければ、役所はお金の支払いも契約もできないですし、庶務っていうのは価値のある仕事だと思っているんです」

　職務経験が限定されている立場に不満がなかったわけではない。男性職員だけが重宝される場面に出くわす度に、「自分には何が足りないんだろう。能力を持っている女性はいっぱいいるのに、その人たちが認められない世の中ってどうなんだろう」と理不尽さを感じていた。その一方で、何か言いたいことがあっても、「戦いたくない、波風を立てたくない、けんかしたところで何のメリットもない」と自分に言い聞かせてきた。

　そんな岸本が一度、声を上げたことがあった。合併後、日高地区で職員数が大幅に削減されたにもかかわらず、業務量が一向に減らず、現場が疲弊していた時期のことだった。岸本は、本庁に提出する自己申告書の中で「現状をよく見てほしい」と訴えた。

「妙に正義感があるので、思い切り不満を書きました。残業も多くなって、みんな家庭を犠牲にしながら踏ん張っていましたから、職場を代表して書かせていただいたような感じだったんですけど、私自身の中でも不誠実さが許せなかったんだと思います」

すると突然、本庁に異動になった。初めは総務部に配属され、2年後に政策調整部に移った。これが岸本にとってのキャリアの転機となった。

「政策調整部は政策決定をする部署なので、市役所全体の動きが俯瞰《ふかん》できましたし、市長が各部長の説明を受けて最終判断する会議の担当をさせていただいたので、すごく勉強になりました。私にとっては成長の場だったと思います」

副市長の真野毅が主導して戦略的政策評価を導入したとき、岸本は担当の政策調整課長を務めており、自身も戦略体系図の作成方法を学びながら、明治大学ガバナンス研究科とやりとりして研修プログラムの構築に携わった。

豊岡市キャリアデザインアクションプランの策定にかかわり始めてから、岸本が改めて感じたのは、「庁内に『無意識の偏見（アンコンシャス・バイアス）』が広がっていること」だったという。

「誰も悪気はないんでしょうが、『女性はこういう仕事が向いているよね』と思い込んで人事配置をしてしまったり、仕事の分担をしていたりする。でも、バイアス自体はなかなかなくならないので、なくならないことを前提に乗り越える努力をしないといけないんだと思うんです。その道筋を考えていくことが、市役所内のジェンダーギャップを解消していくうえでは重要だと思ってきましたね」

「男性は外で働いて家計を支えるべきだ」とか、「女性は家事・育児に向いている」といったジェンダーバイアスは、多くの男女が潜在的に持っており、職場や地域や家庭での言動と密接に絡んでいる。ジェンダーギャップを解消していく際には、それぞれが自身の持っているバイアスを認識するところから始めなければならないが、本人が無意識のうちに支配されているバイアスに自分で気づき、「意識化」するのは容易ではない。

近年は、ダイバーシティ＆インクルージョン（多様性と包摂性）の推進を目的に、アンコンシャス・バイアスに関する社員研修を実施している企業や組織も増えてきた。豊岡市でも、ワークイノベーション戦略の策定プロセスにおいて、市内の経営者向けにセミナーを開催したほか、キャリアデザインアクションプランにおいても、職員向けに「無意識バイアスの理解促進ワークショップ」を開催することが明記された。

アンコンシャス・バイアスは「無意識な脳の働き」であり、なくすことはできない。豊岡市でも、それが採用や評価など人事に関する意思決定に作用しうるということをまず理解し、少しでもバイアスがかからないような仕組みと風土を作ることを意識するようになった。

市役所内のジェンダーギャップ

話を進めよう。２０１８年4月の時点で、豊岡市役所の全職員のうち女性が占める割合は約3割だった。管理職（課長級以上）は男性１２０人に対して、女性は10人で、女性管理職比率は７・７%にとどまっていた（下の図表2－2）。また、男性は19・２%（１２０人／６２４人）が管理職に就いていたが、女性はわずか３・８%（10人／２６２人）だった。

キャリアデザインアクションプランの中では、このようなジェンダーギャップが生じた原因は以下の２点にあると分析している。

①　女性は出産・子育て期（子どもが0～18歳ま

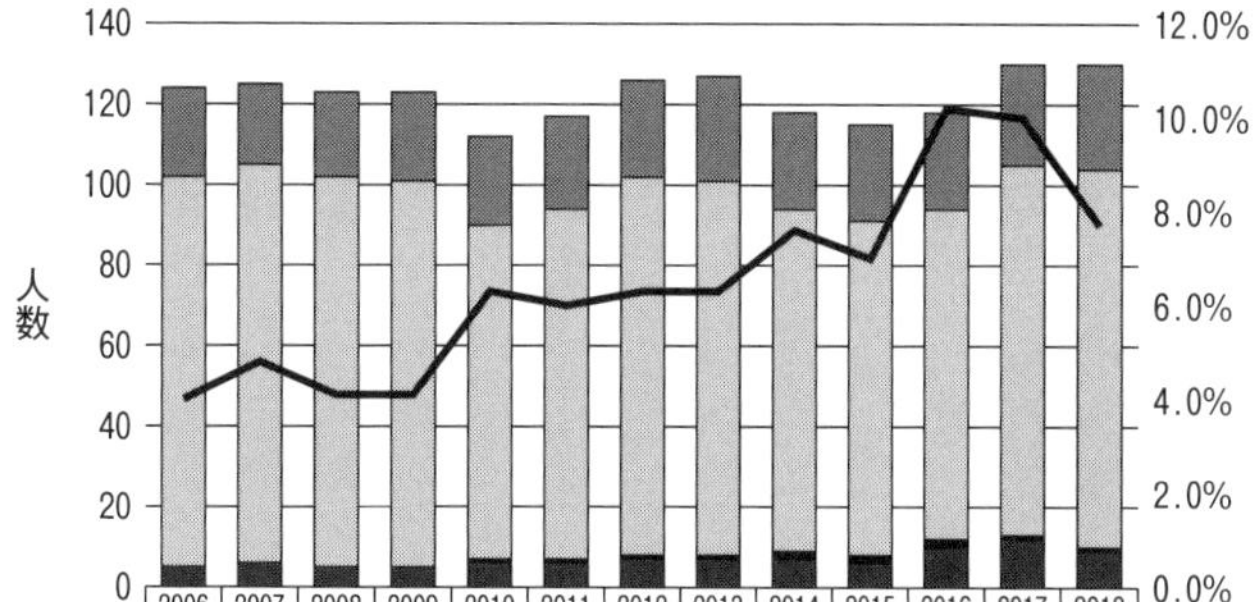

	2006	2007	2008	2009	2010	2011	2012	2013	2014	2015	2016	2017	2018
男性部長・部次長級	22	20	21	22	22	23	24	26	24	24	24	25	26
男性課長級	97	99	97	96	83	87	94	93	85	83	82	92	94
女性部長・部次長級	0	0	0	0	1	1	1	1	2	2	2	1	1
女性課長級	5	6	5	5	6	6	7	7	7	6	10	12	9
女性管理職比率	4.0%	4.8%	4.1%	4.1%	6.3%	6.0%	6.3%	6.3%	7.6%	7.0%	10.2%	10.0%	7.7%

出所：「豊岡市役所キャリアデザインアクションプラン　2019年1月作成」

図表2-2　豊岡市役所における管理職比率の推移

での期間）と、職員として能力を高めていく時期が重なりやすく、結果的に多様な業務経験を積んだり、幅広いスキルを習得したりする機会が少なくなっている

② アンコンシャス・バイアスと固定的な性別役割分担意識によって、女性が本来持っている能力を十分に発揮する機会が奪われている

そのうえで、多様化しつつある市民ニーズや市の課題に対応するためには、多様な人材が行政の意思決定に関与することが不可欠であり、女性職員のキャリア形成を支援するとともに、組織全体で意識改革を進めていく必要があると結論づけた。

また、アクションプランでは、アンバランスな職員構成についても言及している。豊岡市では２００６年度から、行政改革大綱定員適正化計画に基づいて職員の新規採用を抑制していったが、その結果、40代、50代の職員が全体の64・０％を占めるようになり、若年層が極端に少なくなっているからだ。

対応策として市では、30代の職員を補完する中途採用活動にも取り組んでいたものの、10年後、20年後には、現在の40代、50代が多数退職する。そのため、長期的視点に立って、性別や世代に関係なく、職員ひとりひとりが意欲・能力を発揮できるよう人材育成を急ぐべきとの認識もアクションプランでは示された。

このアクションプランを作成するにあたって、豊岡市が行ったジェンダーギャップの要因分析や、まちや役所の将来を考えて打ち出した方向性は、いずれももっともな内容と言える。国内の多くの組織が、規模の大小に関係なく、また営利・非営利を問わず、似たような状況に置かれており、中には豊岡と同様の分析を行い、同様の方向性を模索している組織もあるだろう。問題は、豊岡市役所が今後、どのようにジェンダーギャップの解消を進め、どのように職員のキャリア形成を支援していくかということだ。果たしてそれは可能なのだろうか。

職員意識調査から見えてきたこと

豊岡市では2018年8月に一般事務職員全員を対象に職員意識調査を行った。しかし、結果はあまり芳しいものではなかった。

調査では、「働きがい」や「働きやすさ」をどう感じているかを尋ねたが、男性職員は年齢が上がるにつれて働きがいが上昇する一方、女性職員は40代を境に働きがいが低下するとともに、「自信がない」と感じる職員が多くなっていた。

また、全体では8割近くの職員が「働きやすい」「やや働きやすい」と感じていたが、男女別で見ると、男性は81・7％がそう感じていたのに対し、女性は71・5％と10ポイント以上低かった。仕事と家庭の両立に不安を感じている女性は39・3％に達しており、これは男性（15・4％）の2倍以上だった。

　働きがいに関連して、「より高い役職を担いたいかどうか」を尋ねた質問には、男性の19・6％、女性の33・3％が「担いたくない」と回答し、男女で13・7ポイントの開きがあった。「どちらかというと担いたくない」を含めると、男性は48・3％、女性は68・3％と、その差はさらに拡大した。

　高い役職を担いたくない理由は、「自信がない」「リーダーシップをとることが苦手」「ワークライフバランスがとれなくなりそう」の3つが上位に並んだ。「自信がない」を理由に挙げた職員は、男性は39・2％だったのに対し、女性は63・1％だった。

　こうした調査結果について岸本は「女性職員の自信を高めていくことが何より大切」と語る。「全員に管理職を目指してほしいわけではなくて、それぞれのありたい姿に近づいていってほしいし、そういうキャリア形成を支援する方法を私たちも考えていかなくちゃいけない。必要なのは、ロールモデルというよりは、ネットワークでしょうか。女性はネットワークをつくるのが下手で、同僚同士で不満を言い合うことはできても、お互いを高め合うことが苦手だと思うんです」

94ページの図表2-3は、豊岡市が２０１９年1月に策定したキャリアデザインアクションプランの全体像だ。市では、この戦略体系図に基づいて、２０２２年度までの5年間（1期）は主に以下のアクションを推進した。

◆職員が自身のありたい姿を描き、目標を実現するのを支援するため、上司とのコミュニケーションツールである「キャリアサポートシート」を導入
◆キャリア形成に関連する研修の展開
◆新任管理・監督職フォロー制度の創設
◆男性職員の育児休業取得促進

プランの策定やアクションの推進について「市長からの指示は一切なかった」と岸本は話す。

「われわれが仮説のゴールを設定して、実現するためにどういう施策を進めるかというロジックを組み立てて提案するわけですけれども、そのストーリーがちゃんとできているかどうかについてだけは市長の意見を聞きました。計画をつくっていくにあたって大事なことは、職員を説得することではなく、納得してもらうことなので、みんなが『ああ、なるほどな』と思えるストーリーになっていないと、前に進められませんから」

目指す将来像と戦略の全体像

目指す将来像　すべての職員が能力を発揮し、市民の暮らしを支えている
戦 略 目 的　自ら成長しようとする職員が増えている

KPI　働きがいを感じる職員の割合
＊現在、「働きがいを感じる」 男性23.3%・女性26.0%
➡　10年後（2027年度）、男女共に35.0%を目指す
＊参考　感じる・やや感じるを合わせると 男性80.4% 女性71.8%

手段
01　働きやすいと感じる職員が増えている（働きやすさ）
01　管理職が部下の目指す姿を理解し、応援している
02　時間外勤務が少なくなっている
03　休暇・休業が取得しやすい職場になっている

02　働きがいを感じる職員が増えている（働きがい）
01　職員が、市の目指す姿を理解し、自分の言葉で語っている
02　職員の成長を支援する教育体系が整っている
03　職員が自らのキャリアプランを描き、自己研さんしている
04　より高いミッションを担いたいと感じる職員が増えている
05　働きがいを（組織ごとに）評価・促進する仕組みができている

03　性別役割分担意識にとらわれない職員が増えている（ジェンダーギャップ解消）
01　女性職員の能力や視点が活かされている
02　男性職員も、休暇・休業取得により、育児・介護等を行っている

出所：「豊岡市役所キャリアデザインアクションプラン　2019年1月作成」

図表2-3　キャリアデザインアクションプランの戦略体系図

先進事例を可視化し、変革の動きを促進する

豊岡市ワークイノベーション戦略には、目指す将来像に向けた2桁手段として「働きがいがあり、働きやすい事業所が知られている」という文言が掲げられている。これは、先進事例の可視化を意味しており、市では、従業員の働きやすさ・働きがいが高い水準に達している企業や事業所を認定、あるいは表彰する制度を整える必要があった。

制度の設計に携わったのは若森とWill Labの小安美和で、当初は、厚生労働省が女性の活躍を推進している企業を認定する「えるぼし」や、従業員の子育てをサポートしている企業を認定する「くるみん」といった既存の制度をそのまま利用することを検討していた。

ところが、UIターン戦略室で若森と一緒に働いていたメンバーの中から「それでは不十分」という反対意見が出たのだという。

たとえば、えるぼしの場合、①採用、②継続就業、③労働時間等の働き方、④管理職比率、⑤多様なキャリアコースという女性活躍に関する5項目のうち、1つまたは2つをクリアしていれば、認定（1段階目）が受けられる。が、それは当時の豊岡市役所でも努力すれば到達が可能なレベルであり、「その程度の企業や事業所を市内に増やしても意味がないよね」という

のがメンバーの見方だった。

そこで若森らが参考にしたのが、公益財団法人板橋区産業振興公社（東京都板橋区）が当時、運用していた「いたばし働きがいのある会社賞」だった。この制度では、経営者が従業員の働きがいを高め、実際に働きがいを感じている従業員が集うことによって業績が伸びている企業を表彰しており、審査は、従業員満足度調査をベースに専門家が客観的に行っていた。

同賞の審査員を務めていたコンサルタントとたまたま知り合いだった若森は、豊岡市内の税理士、社会保険労務士、中小企業診断士ら専門家に声をかけ、東京に出張して板橋区産業振興公社から話を聞いた。

「ポイントは、従業員満足度調査をベースに審査していたことですよね。うちも市役所として企業や事業所に対してお墨つきを出す以上、そこは譲れないなと思いました」と若森は言う。

豊岡に戻った後、若森らと専門家がまず作成にとりかかったのは、「働きがいと働きやすさ」に関する従業員意識調査の枠組みだ。調査では、①働きやすさ、②働きがい、③働き続けたい（就労継続意向）、④高い役職を担いたい（事業へのコミットメント）という4つの指標についての質問項目を詳細に設定し、市内の企業や事業所で働く従業員の意識を分析するツールとして利用することになった。

表彰制度は、従業員意識調査の主要な質問項目に、性別役割分担意識の有無やその他の要素を加えた項目を審査するように設計し、制度名は「あんしんカンパニー」（正式名：豊岡市ワークイノベーション表彰）に決定した。

このあんしんカンパニーの審査はかなり厳しい。次ページの図表2－4に示した通り、計30の審査項目のうち、半分以上が「必須（□マーク）」項目、残りが10点の「加点項目」となっており、必須をすべてクリアし、加点が120点以上（150点満点）に達していなければ合格しないという狭き門だ。

特に、「仕事時間の融通が利く（105）」「上司、経営者等が従業員の声に耳を傾けてくれる（203）」「従業員が人事評価に納得している（303）」といったアミカケになっている項目は、いずれも従業員意識調査の質問項目であり、従業員全体の3分の2以上、なおかつ男性・女性従業員双方の3分の2以上がそのように評価していなければクリアできない。

「ちょっと厳しくしすぎたかなっていう気がしないでもないんですけどね、地元での就職を希望する就活生に、ちゃんとおすすめできる企業を表彰すべきだと思ったんですよ」と若森は話す。

市では毎年、関西圏の都市部に会場を設けて、但馬地域の他の自治体などと共同で合同企業説明会を開催していたが、出展する市内企業の中には、従業員を酷使するいわゆるブラック企業もあれば、その対極の俗に言うホワイト企業もあり、中間のグレー企業もあったからだ。

豊岡市ワークイノベーション　表彰　審査項目・基準

審査項目		審査基準	配点
1　働きやすい（定着率の向上）			
101	従業員の年間総純労働時間（有給休暇、欠勤控除）	正社員の8割以上が2,080時間未満	10
102	テレ・在宅ワーク or 正社員時短時間勤務 or フレックス勤務の利用	いずれかを利用した人がいる（過去5年間）	10
103	有給休暇の取得	10日以上付与した全従業員が年間5日以上取得	□
104	育児休業の取得	取得した人がいる（対象者がいなければ適用除外）	□
105	仕事時間の融通が利く（子どもの発熱や葬祭などの際に配慮される等）	従業員全体の2／3以上の評価、かつ、男性・女性従業員双方の2／3以上の評価（アンケート）	□
106	従業員が働きやすい職場だと評価している	〃	□
2　働きがいがある（モチベーションの向上）			
201	従業員が会社の方針、目標を理解している	従業員全体の2／3以上の評価、かつ、男性・女性従業員双方の2／3以上の評価（アンケート）	10
202	職場のコミュニケーションが活発で、関係性が良い	〃	10
203	上司、経営者等が従業員の声に耳を傾けてくれる	〃	10
204	従業員が仕事を通じて成長を実感している	〃	10
205	多様な働き方が受容され、働き方でなく成果等働きぶりによって評価される	〃	10
206	体系的な研修制度が整い、実施され、従業員が参加している	新入社員研修以外に制度に基づいた研修実績、参加がある（過去3年間）	10
207	従業員が働きがいのある職場だと評価している	従業員全体の2／3以上の評価、かつ、男性・女性従業員双方の2／3以上の評価	□
3　性別役割分担意識にとらわれない（意識の変化）			
301	WI（ワークイノベーション）戦略「ありたい姿に向かって、いきいきと働く女性が増えている」取組み	積極的・具体的に取り組んでいる	□
302	人事評価制度が明文化されている	明文化された制度があり従業員に周知されている	□
303	従業員が人事評価に納得している	従業員全体の2／3以上の評価、かつ、男性・女性従業員双方の2／3以上の評価（アンケート）	10
304	従業員が待遇に納得している	〃	10
305	従業員における女性の比率が一定以上である	業種別平均値の1／3以上（女性従業員数の下限3人）	□
306	上司層の中に女性がいる	女性の上司層の存在	10
307	女性上司層の目標値が共有されている or 上司層における男女比率が従業員の男女比率と同等以上（いずれか）	目標値が社内で共有されている 上司層の女性比率≧従業員の女性比率×80%	□
308	男性の育児休業取得者がいる（女性のみの事業者の場合は、女性の育休取得率が100%である）	5日以上取得者の存在（過去5年間）	10
4　その他			
401	応募動機と実践内容・WI戦略の趣旨に整合性がある	何を目指し、何に取り組んでいるのか　など	□
402	事業の継続性に重大な懸念がない	恒常的な赤字体質、債務超過など	□
403	重大な労務関係法令違反がない	えるぼし認定の基準（勧告、送検公表、企業名公表など）	□
404	ハラスメント対策が取られている	相談窓口の設置・外部への委託など	□
405	違和感のある離職がない	大量退職、1年以内に新人の半数退職など	□
406	従業員の年間総純労働時間（有給休暇・欠勤控除）	正社員の9割以上が2,440時間未満	□
407	男女別のトイレ・更衣室の設置	存在する（改修予定ありもOK）	□
408	従業員アンケートの回収率	80%以上	□
409	暴力団等でない。暴力団等とかかわりがない	豊岡市の契約の基準	□
5　審査員の総合評価			30

配点欄　□：必須　　数字：加点
アンケート項目（加点項目）は、基準に満たない場合でも、「従業員全体の1／2以上の評価、かつ、男性・女性従業員双方の1／2以上の評価」で、配点の半分を加点。
表彰対象：必須すべてで基準満たす　+　加点が120点以上（満点150点）

出所：豊岡市公式ウェブサイト

図表2-4　あんしんカンパニー審査項目

「そういう違いを僕たちは知っていますけど、たとえ、いわゆるブラック企業であっても、役所がブラックというラベルを貼るわけにはいかないですよね。だけど、むちゃくちゃいい企業に『あんしんカンパニー』というラベルを貼ってもらうことはできる。更新が必要な認定制度ではなく、一度限りの表彰制度にしたのもそのためなんです。認定を更新し続けるのは、小さな自治体にとっては大変な作業ですからね」

大風呂敷を広げるか、小さな成功を積み上げるか

２０１９年4月、ワークイノベーション戦略とキャリアデザインアクションプランを担当する「ワークイノベーション推進室」が市総務部に置かれた。

この年、定年を迎えた環境経済部長の上田篤は、総務部次長兼ワークイノベーション推進室長（任期付）に就任し、岸本は推進室参事（任期付）となった。若森も推進室に異動し、総務部職員課で岸本とともにキャリアデザインアクションプランの策定に携わった原田紀代美《はらだきよみ》が加わって、男女２人ずつの体制が整った。

同年5月20日には、「多様でリベラルなまちを創るシンポジウム～なぜ、ジェンダーギャップの解消に取り組むのか～」と題したシンポジウムが豊岡市民プラザで開催され、ジェンダー

ギャップ解消を職場から地域や家庭にまで広げていく方針が示された。このシンポジウムに招かれた筆者（大崎）は、「なぜ、ジェンダー平等を目指すのか」というテーマで基調講演を行うとともに、中貝ら4人のパネリストが登壇したパネルディスカッション「地方からのイノベーション〜魅力ある地域社会を創るには？」のモデレーターを務めた。

だが、シンポジウムのテーマをめぐっては、市役所内に異論も浮上していた。市幹部らが集まった会議で、中貝が「まち全体のジェンダーギャップ解消を取り上げたい」という考え方を打ち出したのに対し、若森が「ワークイノベーションを優先させるべき」と真っ向から反対したのだ。

「市長は『大風呂敷を広げなきゃダメだ』と言っていたんですが、僕はまずは企業から小さな成功を積み上げていく方がいいと思っていたので、いきなり戦線を拡大するのは戦略的にいかがなものですかという話をしたんですよ。役所には人的リソースもそんなに多くないのに、職員を何人つけるつもりですかって言って、50分間、中貝さんとやり合った」

実際、この時点では、ワークイノベーション戦略の策定から半年もたっておらず、戦略の実行はまだ緒に就いたばかりだった。「プチ勤務」の導入を企業や事業所に働きかけて、子育て中の女性の就労を促進するマッチング事業も、前年の２０１８年に始まったばかりであり、ワークイノベーションは軌道に乗ったとは言えない状態だった。

ただ、企業や事業者の側が女性従業員の活躍を望んでいたとしても、地域や家庭内のジェンダーギャップが解消されていなければ、家事や育児を負わされている共稼ぎの女性は過重労働に陥りかねず、多くの女性はそのような状況を望んだりはしない。その意味では、まち全体のジェンダーギャップ解消は、ワークイノベーションを加速させるための戦略として理にかなっているとも考えられた。

このとき会議に同席していた上司の上田は、なかなか引き下がろうとしない若森を横目で見ながら、内心では「どんどんやれ」と思っていたという。

「中貝さんも手強いっていうか、すごくロジカルに話す人なので、ふつうは職員が言い負かされるんです。ただ、若森も理詰めで考えるタイプだし、ワークイノベーション戦略に対する思い入れも強かったから、市長に対して言いたいことがあれば、ちゃんと伝えた方が本人にとってもいい経験になる。そう思って、野放しにしてやらせていました」

最終的には、「4年に1度、市民に自分の名前を書いてもらって、結果を求められている市長と、単に採用試験を受けて入庁しただけの職員とでは立場が違う」と考えた若森が折れ、シンポジウムのテーマは「まち全体のジェンダーギャップ解消」に決まった。

だが、会議で激論を交わした後も、「市長との信頼関係が崩れることはなかった」と若森は言う。

「中貝さんが僕を信頼してくれているのがわかっていたから、僕も中貝さんを信頼していたんですよね。そういうトップとあそこまでやり合ったことには意義があった」

この一件からは、かつて副市長の真野が戦略体系図の導入によって企図していた「市長にものが言える職員」の輩出が順調に進んでいたことがうかがえる。

翌２０２０年4月、若森は行政改革の推進を担うため、自ら願い出て、政策調整課に異動した。

ジェンダー主流化プロジェクト3つの成功条件

ワークイノベーション推進会議のアドバイザー小安美和と親しくしてきた筆者（大崎）が、「ジェンダーの問題を本気で解決しようとしている自治体があるから、一度、チームに会ってもらえませんか」と彼女から相談されたのは２０１８年の夏だった。

その頃、筆者は、国の男女共同参画推進連携会議の有識者議員を務めていたこともあり、全国の取り組みの情報は逐一得ていた。東日本大震災の被災地で4年間にわたってプロジェクトにかかわったのを機に、途上国の開発支援から日本国内のジェンダー問題へと活動をシフトし、自治体との接点も増えていた。講演の依頼を寄せてくれた自治体には熱心に仕事をしている男女共同参画の担当者がいて、その都度、相談にも乗っていた。

しかし、多くの役所では縦割りの壁が厚く、首長がジェンダーの問題に関心を持っていない、政策としての優先順位が低い、人もお金も足りない、といった理由で結局何も進まない。日本の「男女共同参画」の枠組みで、しかも、地方で、ジェンダー平等を推進するのは不可能に近いというのが当時の実感だった。

豊岡市にもあまり期待していなかったのだが、小安の頼みでもあったため、どうにか時間を捻出し、都内で市職員と面談する運びとなった。

このときチームを率いて上京した若森は、豊岡市の人口減少の現状、男女格差に関するデータ、小安と取り組んでいた「プチ勤務」事業で見えてきた課題などについて理路整然と説明し、「職場や地域や家庭で女性の居場所と出番を増やすにはどうしたらよいでしょうか」と問いかけてきた。

日本で、女性のエンパワーメントについて、こんなに真剣に語る「男性の」行政職員を筆者は見たことがなかった。加えて、市はこの面談で90分のコンサルティングに対して、適正な対価を支払ってくれた。「専門的知見はタダ」「社会課題に取り組む専門家は、ボランティアでもやってくれる」といった姿勢が見え隠れする行政機関が多い中、豊岡市役所の「専門性」に対するリスペクトは実に新鮮だった。

ただ、若森の問いに対して、「これは、女性側の問題ではなくて、ジェンダーの問題ですね」とアドバイスはしたものの、その行く末を考えると、役所や地域（特に政治）の壁が厚いだろうということは容易に想像もついた。

ところが、同じ年の12月、若森から再び連絡があり、「ジェンダーギャップ解消戦略を立案したいから、専門家として関与してもらえませんか」と持ちかけられた。しかも、市でつくった素案にコメントしてくれといった「よくある専門家の使い方」ではなく、どのように策定すればよいのかも含めてプロセス全体に関与してほしい、という国際標準型の依頼だった。これには、心底驚いた。

2度目のミーティングの折、若森は「豊岡市ジェンダーギャップ解消戦略（仮）の全体像」という穴あきだらけの見取り図と、先行していた「ワークイノベーション戦略」の素案を携えて現れた。そして、女性の活躍を阻む「地域のジェンダー課題」について熱く語り、「実効性の高い戦略をつくりたいから、どうか力を貸してください」と言うのだった。

「トップ（市長）がフルコミットしている」「行政職員も重要性を理解しており、分野横断的に取り組みを進めようとしている」「専門家の投入も含め、必要な予算を確保している」、これらは、筆者が国連時代に手掛けた調査で浮かび上がった「ジェンダー主流化プロジェクトを成功に導く3つの条件」に当たり、豊岡市はいずれも満たしていた。「これは、いける」と思った筆者は協力を約束した。

〝禁句〟だったジェンダー

先述したように、豊岡市では２０１９年5月、「多様でリベラルなまちを創るシンポジウム」を開催し、筆者は基調講演と、パネルディスカッションの企画構成・ファシリテーションを担当し、このとき初めて豊岡に足を運んだ。

翌6月には、市の「ジェンダー平等推進アドバイザー」に就任し、ジェンダーギャップ解消戦略策定（仮）に向けた地ならしに着手した。市から求められたのは、戦略策定にあたっての調査、課題分析、提言であり、筆者が理事を務める特定非営利活動法人「Gender Action Platform（ＧＡＰ）」の理事長でフィールド調査の経験も豊富な目黒依子（上智大学名誉教授）とともにこの任に当たることになった。

中貝と話してみて筆者が何より驚いたのは、「ジェンダー」という言葉を使うことだった。というのも、当時、日本の行政や自治体の関係者でこの用語を使う人は珍しかったからだ。

もともと日本でジェンダーという言葉が行政用語として使われ始めたのは、国連の第4回世界女性会議で「ジェンダー平等」と言う目標が採択された１９９５年以降のことだ。この目標の根底には、国連憲章や世界人権宣言で謳われている「男女平等」を真に実現していくためには、性別役割分担を前提とした社会の仕組み、家庭や地域や企業の中に構造化された男女間の力関係そのものを変革しなければならないという考え方がある。

こうした流れを受けて、日本でも１９９９年に男女共同参画社会基本法が施行された。同法もジェンダー平等の実現を目指すものであり、中身を見れば、「男女平等社会基本法」という名称の方が適当だと思われるが、「平等」や「差別撤廃」といった言葉を嫌う政治のマジョリティが納得しやすい「男女共同参画」という用語が充てられた。

一方で、２００１年には、超党派の女性議員と女性市民団体の協力によって「配偶者暴力防止法」（通称ＤＶ防止法）が制定され、５カ年の男女共同参画基本計画が策定されるなど、ジェンダー平等の実現に向けた政策的枠組みは徐々に整備された。

ところが、その後、日本のジェンダー政策は大きく後退する。２００５年に、自民党の幹事長代理だった故安倍晋三を座長とする「過激な性教育・ジェンダーフリー教育実態調査プロジェクトチーム」が結成され、性教育やジェンダー平等を目指す活動に対する激しいバッシング、「ジェンダーバックラッシュ（反動）」とも言われる動きが急速に広がったのだ。同年12月に閣議決定された「第２次男女共同参画基本計画」からは「ジェンダーフリー」という言葉は削除された。

翌２００６年1月には、内閣府男女共同参画局が全国の自治体に対して、ジェンダーフリーという用語は「今後は使用しないことが適切」と伝え、それ以降、ジェンダーという言葉自体があたかも〝禁句〟であるかのように、日本の行政文書から消えた。行政だけではない。マスメディアもこの言葉を使いたがらなくなった。

そんな息苦しい状況に変化が生じたのは、10年後のことだ。きっかけは２０１６年5月、内閣に「持続可能な開発目標（ＳＤＧｓ）推進本部」が設置されたことだった。

首相（当時）の安倍を本部長とする同本部は、前年の２０１５年9月、国連総会で「我々の世界を変革する：持続可能な開発のための２０３０アジェンダ」が採択され、日本でもＳＤＧｓに関する施策を推進していくために置かれたが、これにより、風向きが変わった。ジェンダー平等はＳＤＧｓの中核的な目標であり、「２０３０アジェンダ」の中には「ジェンダー主流化」「ジェンダーの視点」「ジェンダー統計」といった言葉がちりばめられている。そのすべてを「男女共同参画」と置き換えることはもはや不可能になったのだ。２０１６年12月に同本部が決定した「持続可能な開発目標（ＳＤＧｓ）実施方針」にも「ジェンダー」という言葉が随所に明記された。それ以降、この言葉は突如として〝解禁〟となったかのごとく、行政文書の中でも再び使われるようになった。

とはいえ、２０１０年代後半になっても、日本の政府・自治体関係者の間では「男女共同参画」や「女性活躍推進」といった言葉を用いるのがまだ一般的で、「ジェンダー」と平気で言ってのける中貝はきわめて例外的な首長だった。

「びっくりしました」と筆者が伝えると、当の中貝本人はまったく頓着していなかったらしく、「ジェンダーギャップが問題なのに、この言葉から目を背けてどうするんだろう」と逆に驚いた様子だった。

◉

豊岡でシンポジウムが開催される前の２０１９年3月、日本政府主催の国際女性会議「ＷＡＷ!」（World Assembly for Womenの略称）が都内で開かれた。この年、日本はＧ20（主要20カ国・地域）議長国だったため、Ｇ20のエンゲージメント・グループの1つであり、女性やジェンダーに関する政策提言を行うＷ20（Women20）の会合も同時開催された。

当日は、Ｗ20運営委員会の共同代表を務めた目黒らが首相（当時）の安倍に提言書を手渡すセレモニーから始まり、「地方活性化と雇用創出、そのためのリーダーシップ」と題したパネルディスカッションでは、中貝もパネリストのひとりとして登壇していた。

このときも中貝は「人口減少とその要因である若年女性の流出を『フェアネスの問題』としてとらえて、職場や地域のジェンダーギャップ解消に乗り出した」と淡々と語っていた。筆者は、モデレーターとしてディスカッションを進める立場にあったが、中貝の話に大きくうなずく聴衆の姿が目に入ってきた。

今でこそ、地方の人口減少と若年女性の流出は関連づけて考えられるようになってきたが、当時は斬新な発想であり、「ジェンダーギャップの解消」と銘打った取り組みは、地方自治体は言うまでもなく、政府においても皆無だった。降壇した中貝のもとには、興奮で顔を紅潮させた人々が長い列をつくっていった。

第3章

ジェンダーギャップ解消でまちづくりを

Strategy Ⅱ

豊岡の歩き方

東京から豊岡への行き方には空路と陸路がある。

空路の場合、羽田空港から大阪（伊丹）空港乗り継ぎで、コウノトリ但馬空港に向かう。所要時間は計2時間と短いが、伊丹―但馬間は1日に朝夕の2便しかない。但馬空港から豊岡市街までは約4キロ、バスで15分ほどだ。

陸路の場合は、新幹線で京都や姫路、新大阪まで行き、特急に乗り換えれば、1時間半〜2時間30分ほどでＪＲ豊岡駅に着く。

豊岡駅前の大開通りやその周辺には、１９２５（大正14）年5月に豊岡や城崎に甚大な被害をもたらした北但大震災の後に建てられたノスタルジックな建物が約40棟残されている。これらは、「豊岡復興建築群」と呼ばれ、昭和初期に建てられた鉄筋コンクリート造の建物が集中的に現存するエリアは全国的にも珍しいと言われる。

駅から市役所までは、大開通りを徒歩で東に5分ほどだが、その手前の路地には「ふれあい公設市場」がある。北但大震災の2年後、「豊岡公設市場」として開設された日本最古級の木造市場で、地域の台所として長く親しまれてきた。２００３年に改修、改名され、木造屋根のアーケード内に青果店、生花店、惣菜店、飲食店など14店舗が軒を連ねる。

大開通りをさらに5分ほど進むと、かばんの産地である豊岡ならではの「カバンストリート」に着く。もともとは宵田《よいだ》という商店街だったが、２００５年にかばん産業と商店街の振興を図るため、かばんづくりのプロが集まる通りとして生まれ変わった。

カバンストリートには、手づくりのかばんを陳列したショップや、かばんのクリーニング店、修理工房などが立ち並び、作業の様子を外から見ることもできる。通り沿いには、かばんをモチーフにしたオブジェやデコレーションも至る所に置かれている。

再び大開通りへ。ほぼ中心に位置する市役所庁舎の隣にひときわ目を引く白壁の建物がある（1ページ写真㊤）。復興建築群の1つで、旧豊岡市役所の庁舎として１９２７（昭和2）年に建てられた。この旧庁舎は２０１３年8月、現在の庁舎が開庁した際に、南に約25メートル曳《ひき》家《や》移転し、「豊岡稽古堂」と名づけられた。現在は1階と3階が市立交流センター、2階は市議会の議場として利用されている。

稽古堂の名称は、江戸期にこの地を治めた豊岡藩（京極家）の藩校名に由来している。「稽古」とは、「古《いにしえ》を稽《かんが》る（昔のことを調べ、今なすべきことは何かを正しく知る）」ことを意味しており、まちの歴史を受け継ぎ、市民の修練・学習の精神を育む場となるように、そう名づけられた。

市民の現状・認識を把握し、課題を抽出する

話を進めよう。豊岡市から、まち全体のジェンダーギャップを解消する戦略の策定に向けた調査と提言を求められた筆者（大崎）と目黒依子が豊岡市役所に赴いたのは、２０１９年9月30日のことだった。目的は、戦略を策定していくにあたっての「検討項目」と「策定過程」を提案するために市民へのヒアリングを実施することだった。

同年8月に筆者らが着手した調査では、初めに豊岡市におけるジェンダー意識・慣行に関連する先行調査を分析した。

先行調査は、男女共同参画社会の実現に向けての市民意識調査（２０１７年）、男女共同参画社会の実現に向けての事業所意識調査（同）、豊岡市とジェンダー平等：ＳＤＧｓ（持続可能な開発目標）に基づく地域課題の抽出（２０１９年）、豊岡市内高校生等の進路に関する意識調査（２０１５年）、豊岡市役所職員意識調査（２０１８年）、豊岡市役所キャリアデザイン職員ヒアリング（２０１８）の6つを分析の対象とした。

市民へのヒアリングは、先行調査の情報を補足するために、9月30日から計3日間、主に男性に対して行った。ジェンダーギャップの現状を把握するためには、男性への聞き取りは欠か

せないからだ。対象者は、経営者（40代男性3人、50代男性1人）、市議会議員（60代男性1人、40代男性1人、60代女性1人）、20代の独身会社員（男性3人）の計10人であり、以下の質問項目に沿って、個別に聞き取りを行った。

①氏名、年齢、出身地、家族構成、転居経験、最終学歴、初職及び転職経験
②豊岡市の生活を0〜10点で評価すると何点か
③評価の理由は何か
④減点分の理由は何か
⑤改善すべきと思うことは何か。誰が改善するか
⑥人口減少・高齢化の問題をどうとらえているか
⑦世代間ギャップと男女間ギャップをどうとらえているか

ヒアリングの目的は、あくまでも幅広く情報を収集することだったので、「豊岡の生活」に点数をつけてもらうことを話の糸口に、「どう思いますか」「どうとらえていますか」といったオープンエンディド・クエスチョン（回答を制限しない質問）を繰り返し、対象者の問題意識やジェンダー観を掘り起こしていった。1人当たり60分の聞き取りの後、30分の休憩を挟むとい

うのが当初の予定だったが、いずれのヒアリングも時間をオーバーした。

「なんで俺が、ジェンダーの先生と話をするの？」と言いながら部屋に入ってきた人ですら、ライフストーリーや豊岡に対する思いを丁寧に聞いていくと、どんどん冗舌になり、終了後は話し足りなさそうな表情を浮かべて去っていった。「長男だから」という理由で夢をあきらめた人もいれば、「どうすれば若い世代と分かり合えるのだろうか」と悩みを打ち明ける人もいた。

先行調査の分析やヒアリングの結果から、浮かび上がってきた市民の現状や現状認識は、次の通りだ。

〈若者世代＝20代〉

◆「経済的な環境」が市外への転出及び市外からの転入を決める判断材料となっている

◆同じ職場で一生働き続けるという意識は薄く、学ぶことややりがいが感じられなくなったら転職・転出したいという意識もある。キャリア設計に必要な指導・情報を求めている

◆性別ではなく、「個人」の特性を重視し、周囲の人々の多様性を尊重し、共生しようという傾向がある。性別役割分担意識は薄く、経済的観点からも「共働き」を前提とした将来ビジョンを持っている

◆フェアネスに対する意識が高い（フェアな人事評価、職務分担、家事育児等の分担）

◆仕事・遊びの選択肢、出会いの場が少ないと感じている
◆自分たちが主体的に地域づくり・まちづくりに参画していこうという意識は薄い

〈現役世代＝30〜50代〉——家庭・職場

◆男女で働かなければ「家計」も「企業活動」も成り立たないという実感及び実態がある。しかし、性別役割分担意識が根強く残っており、家庭内・職場での慣行の温存につながっている
◆特に管理職世代の男性にその傾向が強く、家庭内での男性の責任は「稼ぎ手・地域活動」という意識がある。子育てにおいても「男女の区別を意識している」とする傾向がある。そのような意識が、職場における「長時間労働」「男性が育休を取りにくい組織風土」、「男性中心の地域社会」の変革の障壁になっている
◆女性は「稼ぎ手・管理職」という新たな役割を期待されているにもかかわらず、「家事・育児の責任者」という本人及び周囲の意識が、働き続けることや管理職に就くことの障壁となっている。一方、男性が非伝統的な役割とされる「家事・育児」に関与する手段として、「男性育休」の取得が奨励されているが、「取りたい」という希望があっても、「実際には難しい」と感じている。理由は、「職場の人員補充」「柔軟な働き方」などのマネジメント施策が不在だからである

〈現役世代＝40～50代〉――企業経営

◆人口減少による人手不足・人材獲得／定着が経営上の大きな課題

◆男女がやりがいを持ってフェアに働ける環境整備・意識改革を喫緊の経営課題と位置づけ、「働き方の多様化」「長時間労働の解消」「適材適所の人員配置」「人事評価の透明化」などの具体的施策を行っている経営者もいる

◆こうした経営者に共通するのは、「社員ファースト」の施策を打ち出していること、次世代にどのような会社を手渡すかという「未来志向のビジョン」を持っていること

〈現役世代＝40～50代〉――地域活動

◆地域活動は高齢化している。従来の男性中心の年功序列型の地域組織は敬遠される傾向にある

◆年代・性別のみならず、外国人や障害者も含めた地域の多様性に根差した新たな地域基盤・地域活動の枠組みや、地域活動の有償化など、より多様な人々が責任感を持ってかかわれるような仕組みの必要性が提起された

〈シニア世代＝60代〉

◆若い世代が自分たちと異なる価値観を持っていることを理解し、尊重しようとしている。しか

し、それらの価値観がどのようなものか、そのような価値観に根差した豊岡市がどのような地域・まちになりうるのかについては漠然としている

◆ジェンダーギャップの解消が豊岡市の存続のために不可欠であることは理解しているものの、管理職の数値目標の設定や男性育休取得義務化にどのような意義があるのか、他にも施策がありうるのではないかといった点について、十分なコミュニケーションや対話ができていないと感じている

若者世代と現役世代は、いずれも暮らしのためには共働きが必要だと感じている一方、若者世代が家事の分担を当然視しているのに対し、現役世代は性別役割分担意識が強い。経営者は一様に人手不足に頭を悩ませているが、中には改革に着手した企業も存在している。地域活動は高齢化によって停滞しており、若者の地域づくり・まちづくりに対する関心も低い。シニア世代は若い世代の価値観を尊重しようとしているものの、それによって市の将来がどうなっていくのかが見えずにいる――。

おおまかにまとめれば、これが豊岡市民の現状であり、現状認識だったと言える。

このような市民の現状や現状認識からは、ジェンダーギャップ解消戦略（仮）を策定していくにあたっての課題も見えてきた。それは以下の4つだ。

①「ジェンダーギャップの解消」の意義、「個人」「家庭」「地域」「学校」「職場」にもたらしうるメリットが十分に理解されていないこと。「自分ごと」になっていないこと

②職場（含：市役所）において、「女性管理職登用」「男性の育休取得」「時短勤務」等を機能させるマネジメントの仕組み及びマネジメント能力が構築されていないこと

③これからの豊岡市の担い手であり、すでに「多様性」「ジェンダー平等」「フェアネス」に敏感である若い世代のビジョン、問題意識、ニーズが政策に反映されていないこと

④地域の「世帯主」を中心とした基盤・枠組みが固定化しており、多世代・多様な地域住民のコミュニケーション、相互扶助、協働の「場」がない、または機能していないこと

そこで筆者らは、ジェンダーギャップ解消戦略の一義的な目的は、これら4つの課題を解決するための具体的な方策を示すことにあると考えた。

戦略の検討項目とプロセス

２０１９年12月にまとめた提言では、課題解決に向けた検討項目を次のように整理した。

①　目指すべき姿：ジェンダー平等な豊岡市とは？
②　現状と課題：ジェンダーギャップの背景にあるものは？
③　具体策：男女がフェアに働き続けられる環境の整備
④　具体策：リベラルでジェンダー平等な社会を市民主体でつくるための環境の整備
⑤　ロードマップ：戦略の見取り図・重要業績指標（ＫＰＩ）・スケジュール

そのうえで、戦略の内容を充実したものにし、策定後も市民が主体的に取り組んで意識変革や行動変容を実現していくためには、策定過程そのものが「市民主体」で「未来志向」で「意識変革」をともなうものであることが望ましいと考え、次ページのようなプロセスを提案した。

提言の作成にあたっては、「地方の取り組みだから」「日本の取り組みだから」といった手加減は一切せず、グローバル基準に合致する内容を目指した。２０１９年12月２日には、目黒と筆者が豊岡市役所を訪ねて市長の中貝宗治に提言書を直接手渡した。

同日、市役所では「ジェンダーギャップ解消に向けた戦略の方向性提言報告会」が開催された。会には、企業経営者、地域コミュニティ関係者、市職員ら１１０人が参加し、筆者らの提言報告に耳を傾けていた。とはいえ、会場は見渡す限り中高年の男性ばかりで、提言がどの

ジェンダーギャップ解消に向けたステップ

ステップ1：以下のメンバーで、ジェンダーギャップ解消戦略（仮）策定委員会を構成する

・豊岡市の経済活動、地域活動、教育活動における経験・知見・ネットワークを持ち、戦略策定後に「実施の旗振り役」となる人たち
・ジェンダー平等推進に関心があり、主体的な参画を望む市民
・国内外におけるジェンダー平等推進の動向・施策・事例に関する知見を持つ有識者

ステップ2：以下の3つのフォーカスグループを構成し、それぞれの立場や視点から、策定委員会に提言を行う

・中高生・教員……「自分たちが将来住みたい豊岡市」という観点から、「未来ビジョンとロードマップ」を作成、報告する。
・20代の男女……「キャリア構築（雇用・起業）」「ワークライフバランス」「地域とのかかわり方」を中心に、豊岡市で働き、生活し続けるにあたってどのようなことを求めるか、自分たちはどのようなことができるか等についての意見・提案を聞き、集約し、報告する。
・持続可能な職場環境を整備するために先進的な取り組み・マネジメント改革を行っている経営者……どのようなマネジメント施策（人員配置、人事評価、キャリアパスの提示等）を通じて男女の従業員の定着率の向上、男女の育休制度の実効的な運用、女性管理職育成・登用を進めているか等を聞き取り、意見・提案・事例を委員会に報告する。
・デジタル経済への移行及び社会課題の解決を促すソーシャルビジネスに知見、経験のある経営者・起業家……「働く」選択肢の1つとして、また地域活性化／社会課題解決の手段としての「起業」に注目し、これからの豊岡にふさわしい起業支援のあり方、教育のあり方、行政・民間による支援のあり方・連携の仕方等を聞き取り、意見・提案・事例を委員会に報告する。

ステップ3：策定プロセスの進捗状況を発信する

・市民に「ジェンダー平等推進の意義・メリット」「若い世代が描く将来ビジョン・価値観・問題意識」「多世代・多様な人々による参画の意義」を伝え、関心を高める。
・フォーカスグループの参画の様子や提案内容などを市の各種媒体を通じてタイムリーかつ幅広く発信する。
・中高生の提言に関しては、市民が閲覧できる形で発表機会を設ける。特に市議会議員、行政職員、企業経営者、地域リーダー、教育関係者の出席を促し、次世代の価値観・ニーズ・希望を理解し、あらゆる施策・取り組みに反映させていくことが望まれる。

ステップ4：市役所が率先して取り組み、モデルとなる

・「市民主体の政策策定の試験的取り組み」（パイロット事業）と位置づけ、市役所職員の能力強化の機会として活用する（先行事例の収集・集約・ナレッジ化、多世代及びマルチステークホルダーによる対話の促進の仕方・ファシリテーションスキルの習得など）。
・マネジメント改革（ジェンダーギャップ解消につながるマネジメントシステム及び能力の構築）を市役所内で行い、市民に対するアカウンタビリティ（成果責任）を遂行する。また、実際に取り組むことで、市内の民間企業・教育機関等への波及を促す。
・男女共同参画・ジェンダーに関する学習・研修・人材育成を組織的かつ継続的に行う仕組みをつくり、ジェンダーギャップ解消に向けた業務遂行能力を高める。

程度受け入れられるものか、まったく見当もつかなかった。

高校生たち、20代がまちの未来を考える

翌2020年2月以降、豊岡市は提言内容に沿って戦略策定に向けて動き始める。最初に開催したのは、提言書の中で筆者らが「フォーカスグループ」の1つとして挙げた高校生のワークショップだった。

その狙いは、若い世代に「将来も住み続けたいまち」「都市部に出ていった後も帰ってきたいまち」といった「豊岡のありたい姿」を描いてもらい、そこを起点にバックキャスティングで戦略を練ることにあった。過去や現在の延長線上で考えるフォーキャスティングでは、往々にして「今までの当たり前」にとらわれ、思考停止してしまうからだ。筆者らの調査では、豊岡の市民が、次世代に対する強い責任感を持っていることもわかっており、その意味でも若い世代から意見を聞くことは有効だと思われた。

ワークショップの開催にあたっては、市ワークイノベーション推進室が、市内にある高校の校長に趣旨を説明し、生徒会活動をしている生徒を中心に、近畿大学附属豊岡高校から7人、県立出石高校から5人、県立豊岡総合高校から4人、県立豊岡高校から3人の計19人（男子8

人、女子11人）が参加することになった。

開催日は2月9日。筆者は「ジェンダーギャップの基礎知識」についての講師を、後に策定支援委託業者に選定された株式会社クレアンの代表取締役、薗田綾子がファシリテーターを務めた。クレアンは企業のサステナビリティレポートや統合報告書制作の先駆け的存在であり、企業や自治体のＳＤＧｓ関連のコンサルティングを多く手掛ける。薗田は、バックキャスティングの手法を用いたワークショップのファシリテーションにも長けたプロフェッショナルだ。

日曜日だったその日、市役所の会議室に集まった高校生たちは、グループに分かれ、薗田のファシリテーションに誘われる形で、まず「ジェンダーギャップが解消されたまちの姿」について語り合った。すると、「小さな世界都市（Local & Global City）が実現する」「豊岡にもっと人が来て、持続可能なまちになる」「子どもの数が増え、教育も発達し、ＵＩターンが増える」「お掃除ロボットが発達して家事負担が減り、男女で家事の分担を行うことでワークライフバランスが実現する」「新しい職業が生まれる」「女性目線の制度やルールもできる」「豊岡から他の地域へ男女平等観が広がっていく」といった希望に満ちたまちの将来像が可視化された。

続いては正反対の未来。「ジェンダーギャップが拡大したまちの姿」を想像してもらうと、当然ながらネガティブな発言が相次いだ。

「発信も吸収もできなくなり事実上の鎖国」「女性が勉強することをあきらめる」「今よりも大

都市に若者が出ていってしまう」「高齢者は増えるが、若者はいない。ＡＩが進歩しないと介護が成り立たない」「新しいことを始めにくい。働き方が限定される」「男性にとっても女性にとってもストレス」――。

高校生たちは、ジェンダーギャップが解消された場合と拡大した場合で、豊岡の未来がまったく違う姿になることを、自分たちで考え、大人たちに示したのだ。

最後に高校生たちは「どんなアクションが必要か」について話し合った。

その結果、「高校生が講師となって経営者向けのジェンダーセミナーを行い、企業内の意識改革を進める」「学生、学校、市役所、企業が集まって定期的に豊岡未来会議を行う」「男女平等実現のために積極的に取り組んでいる企業の商品を買うようにする」といった短期的なアクションや、「市民のシビックプライド（地域の誇り）の向上」「義務教育の時点で、政治や現代社会の現状について詳しく学ぶ」「父母がともに育児休業が取れるパパ・クオータ制（育休の一定期間を父親に割り当てる制度）を導入する」といった長期的アクションが提案された。

続いて3日後の12日には、フォーカスグループ活動の第2弾として「20代ワークショップ」が開催された。参加者は、ワークイノベーション推進室が学生や起業家、企業の従業員、農業者、市職員、子育て中の市民らに事前に声をかけて募り、市内在住または在勤の男女17人が集まった。

プログラムの内容は高校生ワークショップとほぼ同じだ。

参加した20代は、初めに「ジェンダーギャップが解消されたまち」について考え、「海外の情報、技術を取り入れ、新しいビジネスが生まれる」「個人の価値観を尊重した可能性が広がる社会になる」「若者が地元での自立を進んで選ぶ。制約のない職業選びが進む」「多様な協働事業が実現する」「ＵＩターンが増えて人口が増加する」などとイメージを膨らませた。

「ジェンダーギャップが拡大したまち」についてのセッションでは、「若者、特に女性がいなくなり、過疎化が進む」「人手不足が進む」「女性の進学率が低下する」「産休・育休が取得しにくく、産休・育休からの復帰もしづらくなる」といった不安の声が上がった。

未来をよりよくしていくために「必要なアクション」としては、「企業の経営者にジェンダーギャップを認識してもらう」「大人へのジェンダーに関する講座を実施する」「副業解禁、副業のハードルを下げる」「意思決定者に女性、若者を増やす。若い地域のリーダー、議員を増やす」「ＡＩやＩｏＴを活用し、男女の格差を埋める」「無償ケア労働（家事・育児・介護等）が正しく評価される社会をつくる」「企業の役員に女性を起用する」といった対応策が挙げられた。

この20代ワークショップでは「市に期待すること」についても話し合ってもらったところ、「ジェンダーギャップ解消の条例をつくる」「若い人が議員と話す機会をもっとつくる」「育児支援制度を男女平等に手厚くする」「ジェンダーギャップ解消に向け、地道な研修の機会をつくり続ける」「保育園を備えた企業を誘致する」といった意見が出た。

豊岡市では、高校生ワークショップ、20代ワークショップで得られた意見をベースにジェンダーギャップ解消戦略を策定することを決め、その準備に入った。

市民が「まちの未来像」を描く

２０２０年4月、筆者らが設置を提言していた戦略策定委員会が、「豊岡市ジェンダーギャップ解消戦略会議」の名称で正式に発足した。委員は20代の若者を含む男女5人ずつ計10人で、職場、家庭、地域、学校などさまざまな領域で戦略実行の旗振り役となってもらえそうな市民に学識経験者を加えた構成となった（次ページ図表3－1）。また、筆者がアドバイザーに、一般社団法人ローカルソリューションズ代表理事の田中淳一（内閣府地域活性化伝道師）がオブザーバーに就任した。

戦略会議は同年9月から12月にかけて計3回、市役所本庁舎の庁議室で開催され、毎回、20人ほどの市民が傍聴した。会場は、新型コロナウイルスの感染防止対策として、いわゆる「三密（密閉・密集・密接）」を避けられるようにレイアウトが工夫され、換気も頻繁に行われた。また、参加者と傍聴者は受付で検温、手指消毒を行い、マスクを着用した。感染拡大地域であ

委員名簿（五十音順）　　任期：2020年4月21日から2022年4月20日まで

No.	氏名	性別	区分	備考
1	今井　秀司	男	起業支援者	ピースライフジャパン代表 IPPO TOYOOKA 経営相談員
2	大槻　恭子	女	経営者	一般社団法人ソーシャルデザインリガレッセ代表理事
3	岡本　脩	男	20代若者	中田工芸株式会社
4	岡本　慎二	男	経営者	豊岡商工会議所会頭 株式会社東豊精工代表取締役社長 豊岡市ワークイノベーション推進会議会長
5	倉田　晴美	女	教員	兵庫県立和田山高等学校 教頭
6	坂井　健次	男	子育てしながら働く人	東海バネ工業株式会社
7	西村　勲	男	地域関係者	日高地区コミュニティ 「きらめき日高」会長
8	福田　倫子	女	子育てしながら働く人	劇団「青年団」俳優（Iターン）
9	目黒　依子	女	学識経験者	上智大学名誉教授 Gender Action Platform 理事長
10	森本　七重	女	地域関係者	社会福祉法人豊友会常勤理事 ななえの学校～きまぐれ教室～代表

出所：「豊岡市ジェンダーギャップ解消戦略　2021年3月作成」

図表3-1　豊岡市ジェンダーギャップ解消戦略会議の委員一覧

る東京から出席する筆者らは、開催2週間前からの行動を記録し、健康状態の把握にも努めた。順を追って見ていこう。

第1回戦略会議は9月23日に開催された。委員らはまず、チェックシートを用いて無意識の偏見に気づくワーク（巻末に掲載）を行い、続いて高校生ワークショップや20代ワークショップで出てきた意見を、録画を見ながら共有した。若い世代がまちの将来について真剣に話し合う様子を目の当たりにした委員らは、少なからぬ衝撃を受けたという。

この日は、委員らも同様のワークショップを行い、「ジェンダーギャップが解消されたまち」の実現に向けて、個人、家庭、学校、職場、地域、行政にできることについて意見交換した。会議では薗田の発案でグラフィックレコーディングの手法を導入し、ワークショップで出てきた意見やキーワードにイラストを添えて、模造紙にリアルタイムに書き出していった（4ページ写真）。

11月19日に開催された第2回戦略会議では、初めに学識経験者委員の目黒依子、アドバイザーの筆者、オブザーバーの田中淳一がそれぞれ講義を行った。

次に委員らは「家庭・地域・学校・職場におけるジェンダーギャップに対する市民の意識・理解が深まるためには？」「地域において、男女がともに意思決定・方針決定に参画するための環境整備が進むには？」「職場における意思決定ポジションの男女格差の解消に向けた取り組みが増えるには？」「家庭において男女が家計責任（世帯収入）とケア責任（家事・育児・介護等）を分かち合えるには？」という4テーマでグループワークを行い、意見を出し合った。

最終回となる第3回戦略会議は約1カ月後の12月16日に開催された。この日のメインテーマは、「まちのありたい姿」の実現に向けた「手段」について話し合うことだったが、議論に入る前に、劇団「青年団」の劇作家工藤千夏の指導で演劇ワークショップを行った。豊岡への移住促進をフォローするNPO法人のメンバーが「理事長にふさわしい人」について話し合うという設定で、あらかじめ用意された台本をもとに、男性委員は女性の役を、女性委員は男性の役を演じた。いわゆるロールプレーイングである。この手法は、ジェンダー規範が根強く残るコミュニティの住民参加型ワークショップでよく用いられる。

各委員らが、アドリブも交えつつ自分とは異なる立場に身を置いてみる演劇ワークショップはおおいに盛り上がった。その勢いのまま、委員らは対話を深め、ジェンダーギャップが解消されたまちを実現する手段として、以下の6つを導き出した。

① ジェンダーギャップ解消の必要性が知られている
② 地域において男女が共に意思決定・方針決定に参画している
③ 女性も男性も働きやすく働きがいのある事業所が増えている

④ 家庭において男女が家計責任（世帯収入）とケア責任（家事・育児・介護等）を分かち合っている

⑤ ありたい姿に向かっていきいきと暮らす女性が増えている

⑥ 子どもたちがジェンダーギャップ解消の必要性を自分の言葉で語っている

翌2021年1月には、戦略会議委員長の岡本慎二（豊岡商工会議所会頭、豊岡市ワークイノベーション推進会議会長）と副委員長の大槻恭子（一般社団法人ソーシャルデザインリガレッセ代表理事）が、「豊岡市ジェンダーギャップ解消戦略に向けた提言」を、市長の中貝に手渡した。

提言の中では、上位目的を「固定的な性別役割分担を前提とした仕組みや慣習が見直され、お互いを尊重し支え合いながら、いきいきと暮らしている」、戦略目的を「ジェンダーギャップ解消の必要性を自分ごととして捉え、行動する人が増えている」とし、①～⑥に当たる6つの2桁手段と18の4桁手段からなる戦略体系図（案）が示された。また、市の政策においてもジェンダー視点を主流化していくことを提案し、ジェンダーギャップ解消の「条例化」についても検討を求めた。

実はこのようなやり方は、市では異例のアプローチであり、「豊岡メソッド」の進化形とも言える。というのも、豊岡市で戦略的政策評価を行う場合は、市があらかじめ戦略体系図のた

ジェンダーギャップ解消戦略　戦略体系図

上位目的	固定的な性別役割分担を前提とした仕組みや慣習が見直され、お互いを尊重し支え合いながら、いきいきと暮らしている
戦略目的	ジェンダーギャップ解消の必要性を自分ごととして捉え、行動する人が増えている

手段01　市民にジェンダーギャップ解消の必要性が知られている
　0101　ジェンダーギャップ解消の必要性を学び、特に子どもたちの未来に関わることだと理解している市民が増えている
　0102　多世代・多様な市民が、ジェンダーギャップ解消の意義やメリットを語っている
　0103　市の施策にジェンダー視点が主流化（注1）され、ジェンダーギャップ解消の必要性が市民の暮らしの中に浸透している

手段02　地域において男女が共に意思決定・方針決定に参画している
　0201　多世代・多様な市民によるコミュニケーションが活発に行われている
　0202　地域活動に参画しリーダーシップを発揮する女性や若者が増えている
　0203　女性や若者の声やニーズが政策に反映されている

手段03　女性も男性も働きやすく働きがいのある事業所が増えている
　0301　経営者がジェンダーギャップ解消に向けてリーダーシップを発揮している
　0302　先進的な事例やノウハウを手本にして変革に取り組む事業所が増えている
　0303　性別に関わらずフェアな評価により活躍の場が広がっている
　0304　性別に関わらず家事、育児、介護のための休暇等の取得が進んでいる

手段04　家庭において男女が家計責任（世帯収入）とケア責任（家事・育児・介護等）を分かち合っている
　0401　家事・育児・介護等の価値や意義が知られている
　0402　スキルを磨いて家事・育児・介護等に主体的に関わる男性が増えている
　0403　家事・育児・介護等に関する支援の仕組みが構築されている

手段05　自分のありたい姿に向かって、経済的に自立し、いきいきと暮らす女性が増えている
　0501　自己実現に向けてチャレンジする女性が増えている
　0502　まちのあちこちで女性同士のつながりが生まれている
　0503　経済的に自立するための相談支援体制が構築され、活用する女性が増えている

手段06　子どもたちがジェンダーギャップ解消の必要性を自分のことばで語っている
　0601　保育園・こども園・幼稚園・学校等でジェンダー視点を取り入れた保育・教育が行われている
　0602　子どもたちが性別にとらわれず自分のありたい姿を描き、実現に向けて行動している

（注1）　ジェンダー視点：「社会的・文化的につくられた性別（ジェンダー）」が性差別、性別による固定的な役割分担、偏見等につながっていることを理解すること
ジェンダー視点の主流化：ジェンダーの視点をあらゆる施策に反映すること

出所：「豊岡市ジェンダーギャップ解消戦略　2021年3月作成」

図表3-2　ジェンダーギャップ解消戦略　戦略体系図

たき台をつくっておいてから、ワークショップで市民の意見を求めるというアプローチをとってきたからだ。ワークイノベーション戦略を策定したときも同様のアプローチを踏襲した。

だが、まち全体のジェンダーギャップを解消していくうえでは、「市がたたき台をつくるのではなく、戦略会議の委員たちに、この問題を自分ごと化してもらい、戦略体系図案をつくってもらう必要があった」と、ワークイノベーション推進室長として会議を見守っていた上田篤は話す。体系図案の作成を求められた委員たちの中には困惑している様子の人もいたというが、上田ら市側はあくまでも黒子に徹した。

２０２１年3月、市は、戦略会議の提言をほぼそのまま受け入れる形で戦略案をまとめ、10年間を期間とする「豊岡市ジェンダーギャップ解消戦略」を策定、公表した（図表3－2／具体的な事業や成果目標を明記した全体像は巻末の付録Bに掲載）。

トヨオカ・ショックを超えて

２０２１年4月、豊岡市ワークイノベーション推進室は「ジェンダーギャップ対策室」に改称された。ところが、室長の上田以下、職員が戦略の実行に向けて動きだそうとしていた矢先に、想定外の事態が起きてしまう。そう、２度目の「トヨオカ・ショック」である。

4月25日の市長選で中貝が接戦の末に落選の憂き目を見たのだ。

その夜、自宅で地域ＦＭのニュースを聴いていた上田は、まさかの選挙結果に驚くと同時に、腹立たしさがわき上がってくるのを感じたという。

「選挙戦の前から、演劇のまちづくりやジェンダーギャップ解消の取り組みに対して逆風も吹いていて、今回は危ないかもしれないといううわさも出ていたんです。だけど、中貝さんは『風よけになる』と職員に言って選挙に出て、僕も通るもんだと楽観的に思っていたら、落ちてしまった。風よけがいなくなっちゃったわけですよね。どうすればいいんやと。そんなことを考えているうちに、残念というより、中貝さんに対しても自分に対しても、めちゃくちゃ腹が立ってきた」

怒りを酒でまぎらわせて、早々に床に就いた上田だったが、「最悪の場合、対策室が廃止に追い込まれるかもしれない」という不安も胸をよぎった。ジェンダーギャップ解消は「最優先でやることではない」と主張していた新市長の関貫久仁郎が今後どう出るのか、まったく読めなかったからだ。

翌朝、上田が市役所に登庁すると、対策室では原田紀代美や、若森洋崇の後任として２０２０年からメンバーに加わっていた手《て》塚《づか》淳《あつ》志《し》が「どうなっちゃうんだろう」と心配そうに言い交わしていた。

だが、「一晩寝れば、いやなことは忘れるタイプ」という上田は、そのときすでに気持ちを切り換えており、手塚、原田、参事の岸本京子を集めて、こう言った。

「今後どうなるかわからないけど、われわれは引き続き、今まで通り、自分たちにできることをやろう。やめろと言われるまでは続けよう」

現場のリーダーの力強い言葉に再び心を奮い立たせたメンバーらは、立ち止まることなく、ジェンダーギャップ解消戦略を次々と実行に移していく。豊岡市役所が真骨頂を見せたのは、むしろこの日からだったと言っていい。

戦略を施策に落とし込む

豊岡市が打ち出していった代表的な施策を、戦略体系図に掲げられた6つの2桁手段に沿っていくつか取り上げてみよう。

まず「市民にジェンダーギャップ解消の必要性が知られている」という目的（手段01）の実現に向けては、広報活動の強化を図った。その際、ジェンダーギャップ解消戦略会議でファシリテーターを務めたクレアンの薗田綾子から「マンガを使ってみてはどうか」という提案があったため、意識啓発のツールとして、オリジナル短編マンガシリーズの制作にとりかかった。

「マンガで考えよう！ジェンダーギャップ」と題したシリーズでは、家庭内・夫婦間のジェンダーギャップ、女性の育休復帰、男性の育休取得、職業にまつわる無意識の思い込みなど、さまざまなテーマを選んでストーリーをつくり、作画は、経営学修士（ＭＢＡ）を取得して「ＭＢＡマンガ家」として活躍しているかんべみのり（兵庫県在住）に依頼した。これまでに第1弾（全6話）、第2弾（全8話）が制作され、全話が市ホームページに掲載されている（図表3－3、巻末の付録Cに一部紹介）。

「地域において男女が共に意思決定・方針決定に参画している」という目的（手段02）の実現に向けては、「地域啓発推進アドバイザー」を設置することになり、社会学者の萩原なつ子（立教大学教授／現在は名誉教授、独立行政法人・国立女性教育会館（ＮＷＥＣ）理事長）を選任した。萩原は、市内の各地域に足を運んで、地域コミュニティのトップを務める男性市民らと意見交換をしながら、意識啓発を図っている。

「女性も男性も働きやすく働きがいのある事業所が増えている」という目的（手段03）の達成に向けては、市内企業・事業所のワークイノベーション推進会議への加入を促進し、２０２０年4月の時点で21だった会員数を２０２５年までに１００に伸ばすという目標が立てられた。

作：かんべ　みのり　　　出所：豊岡市公式ウェブサイト

図表3-3　「マンガで考えよう！ジェンダーギャップ」の例　〈第2弾第1話「跡継ぎは男性でないといけないの？」〉

子育て世帯のジェンダーギャップを可視化する

「家庭において男女が家計責任（世帯収入）とケア責任（家事・育児・介護等）を分かち合っている」という目的（手段04）を実現していくにあたっては、市の現状を把握するため、子育て世帯における男女の家事・育児時間を可視化するアンケート調査（暮らしの中の性別役割分担の実態と意識調査）を、２０２１年7月から8月にかけて実施した（有効回答数は６２６人、男性２８３人、女性３３９人、その他４人）。

その結果、高校生までの子どもを持ち、働いている市民の家事・育児関連時間は、男性が1日当たり平均２・１時間であるのに対し、女性は４・２時間長い６・３時間となっており、男女間に3倍の差があることがわかった（図表3－4）。

家事・育児の分担状況は、「どちらかというと妻が多く担っているが夫も一部担っている」家庭が最も多く、次いで「妻がほぼすべて担っている」「夫と妻で平等に分担している」の順だった。また、「夫と妻で平等に分担している」と回答した男性は21％いたのに対し、女性は11・８％にとどまっているという認識の差も見られた。

その理由は、「名もなき家事」の存在にあるのかもしれない。たとえば、「洗い物」という名前のついている家事を担当している夫は、乾かした食器や調理器具を元の定位置に戻す、洗剤の残量を確かめて、必要があれば詰め替える、スポンジが傷んでいたら新しいものに交換するといった、多くは妻がこなしている「名もなき家事」の負担を意識しないまま、「自分は家事をよくやっている方だ」と安易に考えがちだからだ。

　家事分担の理想については、女性の約47・9%が「もっと夫が担うべき」と考えているのに対し、男性は「適当だと思う」（41%）と「適当かはわからないが、このままでいい」（34・3%）と合わせると、約75%が「現状でよい」と考えていた（次ページ図表3-5）。

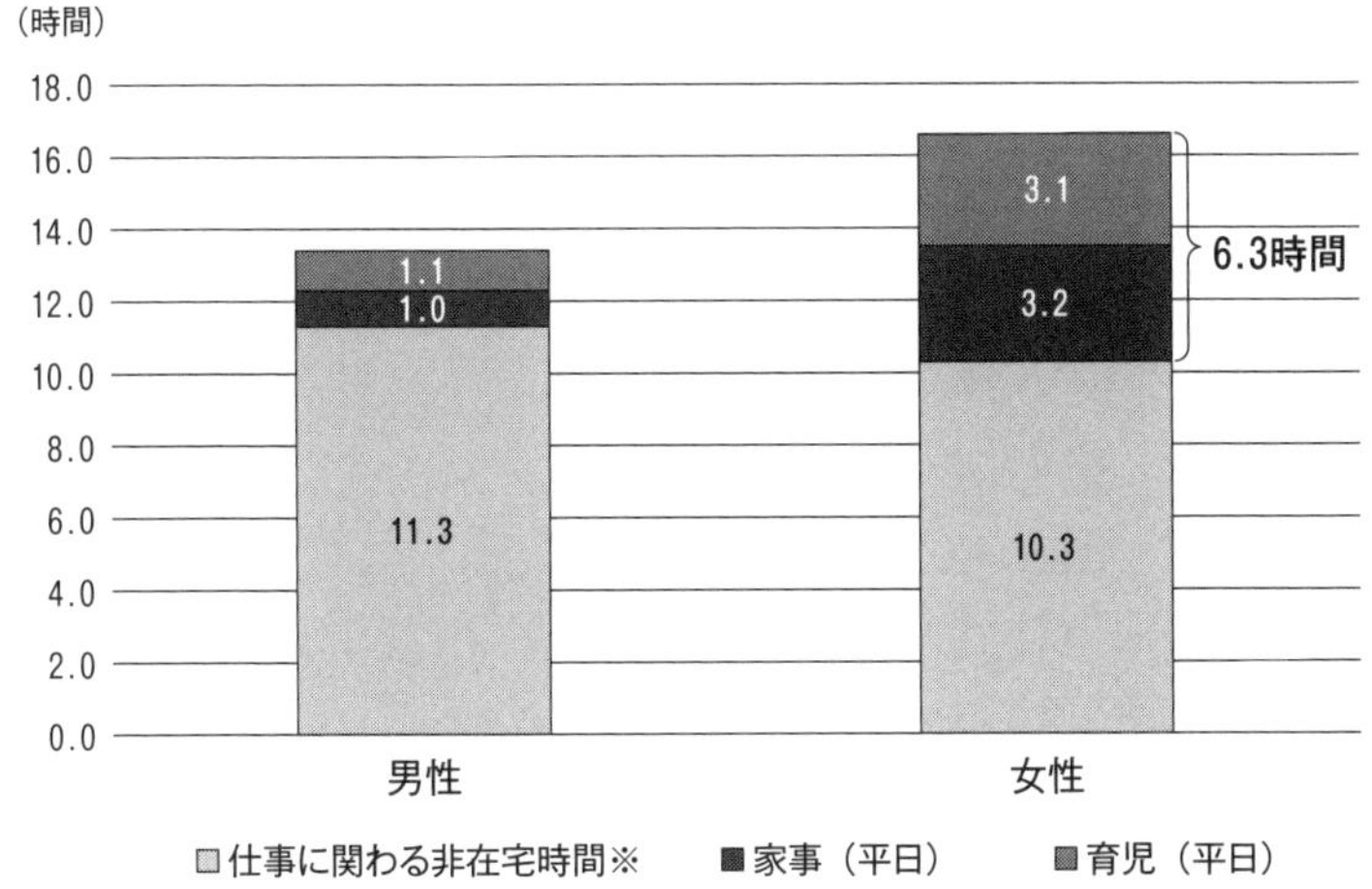

※仕事に関わる非在宅時間：「家につく時間」から「家を出る時間」をひいて算出する。
時間が不明な方は除く。

出所：「豊岡市暮らしの中の性別役割分担の実態と意識調査　<概要版>2021年11月
豊岡市役所総務部ジェンダーギャップ対策室（受託者：株式会社 Will Lab）」

図表3-4　豊岡市における子育て世代の家事・育児の実態

●家事分担の理想

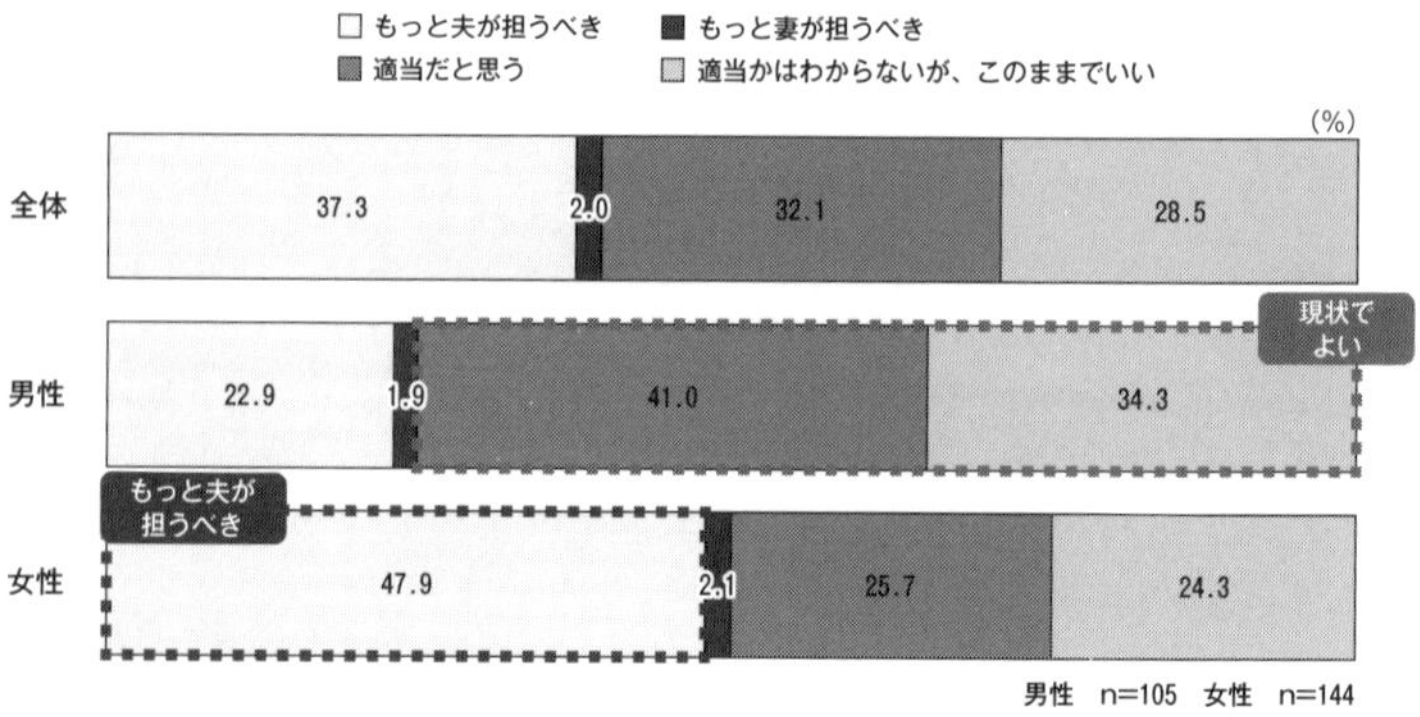

●「家事分担の理想」の理由

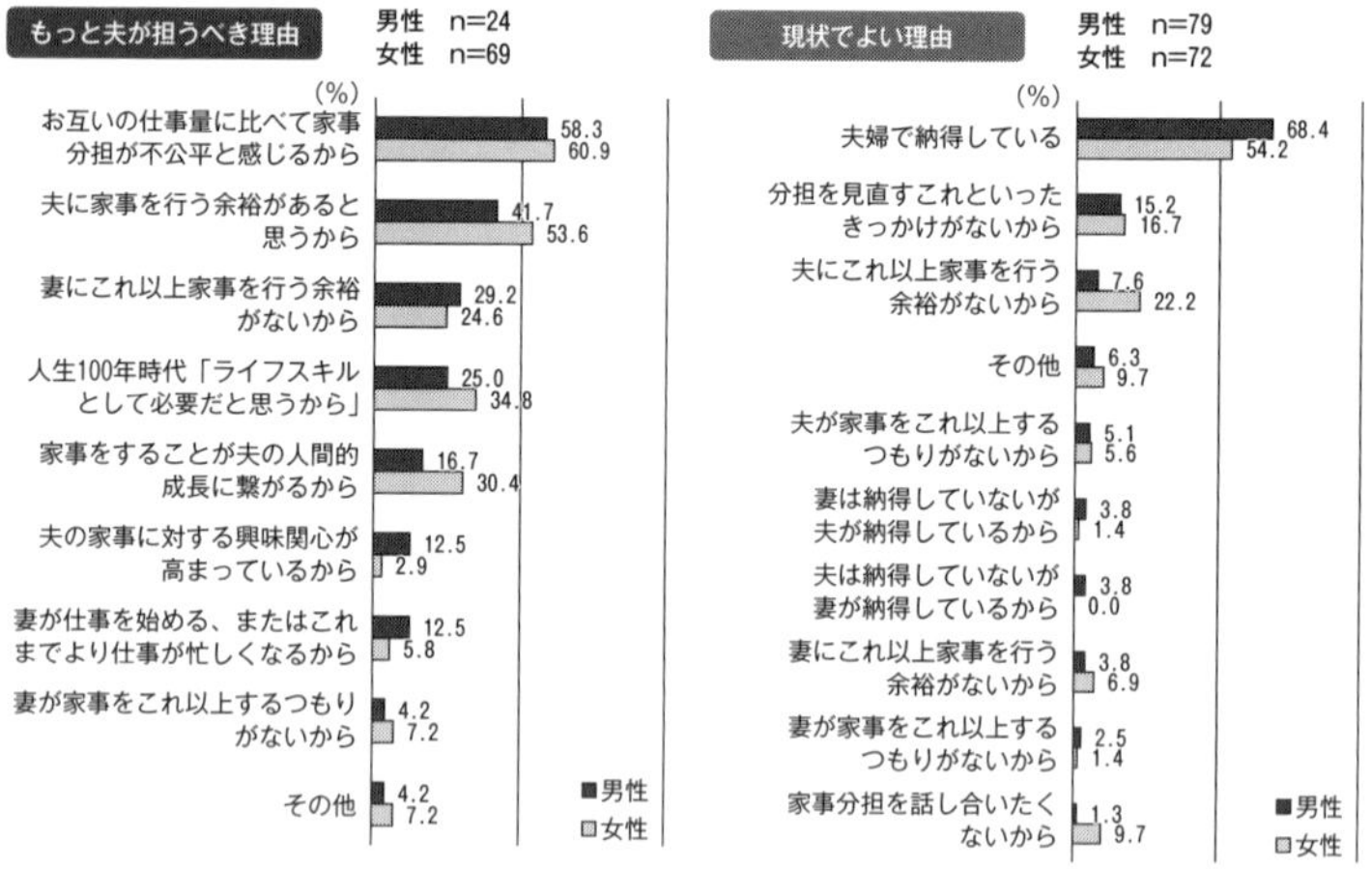

出所：(前掲)

図表3-5　豊岡市における家事分担の理想

●家事分担の状況

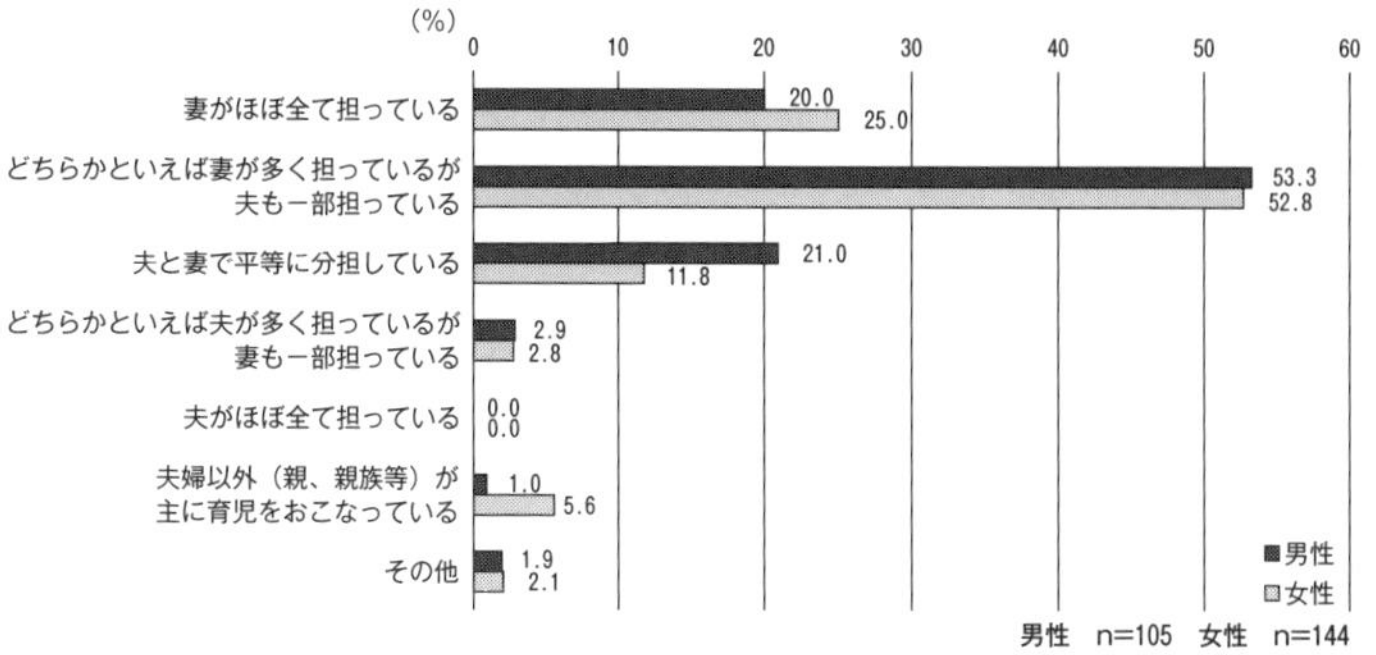

●その分担となった理由

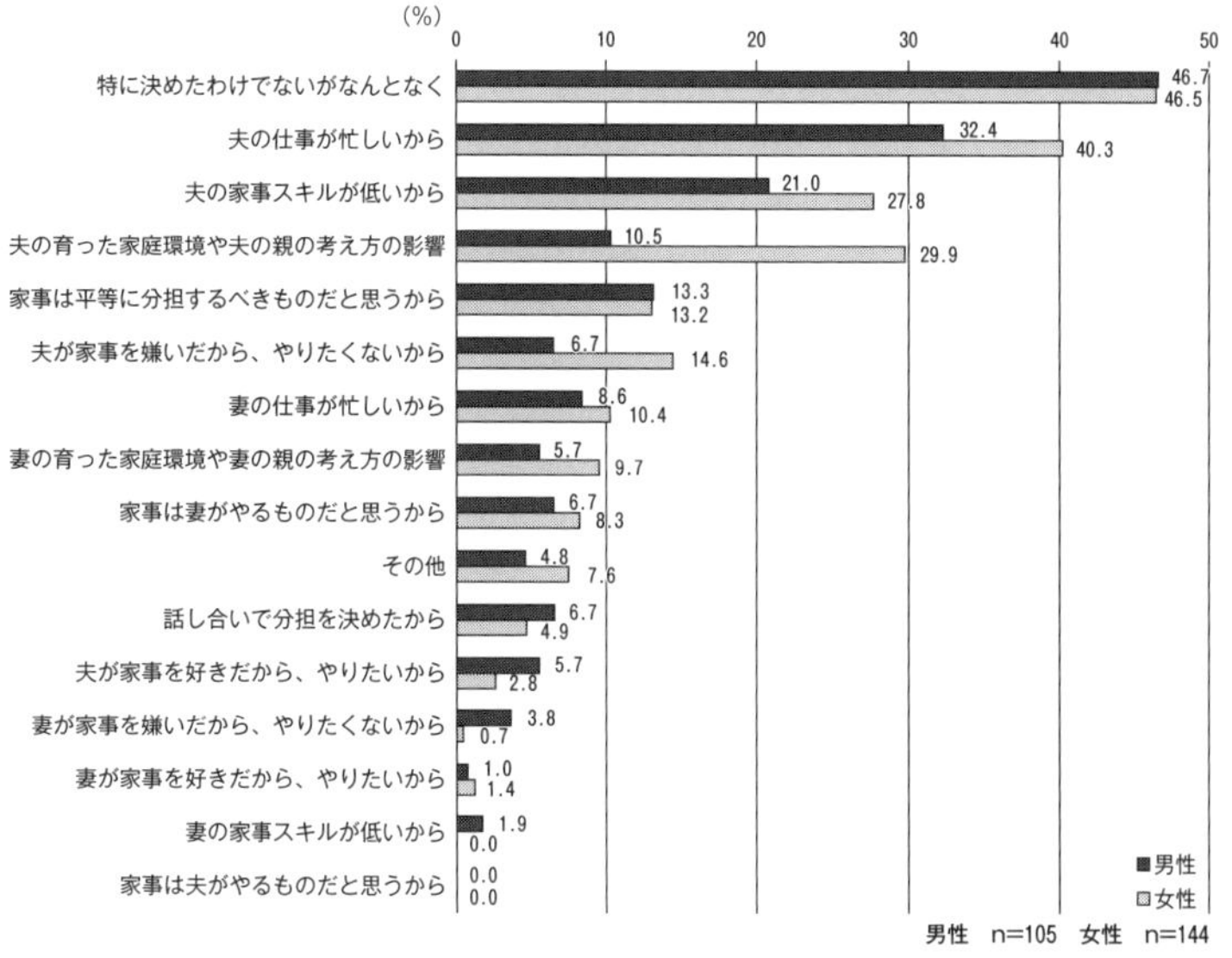

出所：（前掲）

図表3-6　豊岡市における育児分担の状況／その分担となった理由

調査では、家事分担の現状が生み出されている理由についても尋ねたが、男女ともに「特に決めたわけでないがなんとなく」という回答が最も多かった。「夫の育った家庭環境や夫の親の考え方の影響」と回答した男性は10・5％だったが、女性は30％と、ここでも認識に差が見られた（前ページ図表3－6）。こうした調査の結果を受けて、市は、カップルが、家事・育児について話し合うきっかけづくりのツールとして、「コミュニケーション・シート」を作成中である。

働く女性の知識習得、スキルアップ、起業を支援する

ジェンダーギャップ解消戦略の遂行にあたって、ハイレベルなセミナーを企画、運営したり、好条件の制度を設けたりして女性を手厚く支援していることも豊岡の特徴だ。

「自分のありたい姿に向かって、経済的に自立し、いきいきと暮らす女性が増えている」という目的（手段05）の実現に向けては、次のような多様な施策が打ち出された。

1　豊岡みらいチャレンジ塾2022

政治・経済やデジタル領域の第一線で活躍する女性ゲストとの対話を通じて、知識やスキル

を習得する無料のプログラム。２０２２年7月から11月まで計5回開催し、及川美紀（ポーラ代表取締役社長）、三浦まり（上智大学法学部教授）、小木曽麻里（ＳＤＧインパクトジャパン代表取締役社長）、若宮正子（デジタルクリエイター、ＩＴエバンジェリスト）、大嶋寧子（リクルートワークス研究所主任研究員）らの著名人が講師を務めた。小安美和がトータルコーディネーターを担当した。

開講にあたっては、「わたしとまちのみらいを変えるために一歩を踏み出しませんか」と市が呼びかけたところ、定員15人を大幅に上回る34人が受講した。詳しくは後述するが、受講者の中からは実際に一歩を踏み出した女性たちも現れ始めている。２０２３年も開催。

２　働きたい女性のためのデジタルマーケティングセミナー

パソコンやスマートフォンを使って商品やサービスを紹介するデジタルマーケティングのスキルを学ぶ講座。5カ月間（１８０時間）の講義（初年度はオンライン方式と対面、現在は動画視聴によるオンデマンド方式と対面）と2カ月間（約40時間）のインターンシップを行う。市内の企業や事業所への就職や起業も支援する「出口戦略」も用意されている。

講師は、豊岡出身で株式会社ノヴィータ（東京都港区）を起業した小田垣栄司。２０１８年、兵庫県と豊岡市が協調して実施し、市では若森が担当していた「兵庫県高度ＩＴ起業家等集積支援事業（通称ＩＴカリスマ誘致事業）」において「ＩＴカリスマ」に認定され、２０１９年に開催された「多様でリベラルなまちを創るシンポジウム」にもパネリストのひとりとして登壇した。

同社は豊岡市内にもサテライトオフィスを構えており、セミナーの講師陣には、「プチ勤務」で採用された市内の女性も加わっている。２０２１年度以降、毎年開催。

3　IPPO TOYOOKA

豊岡市では２０１９年6月から、内発型産業の育成を目的に、起業や事業の新展開を目指している市民のための無料相談窓口「IPPO TOYOOKA」を開設し、公認会計士やコンサルタントが対応してきた。２０２２年度からは、駅前の商業施設の中にオープンした「みらい応援Ｒｏｏｍ」で、毎月、「子育てママ・パパ向けのビジネス相談IPPO TOYOOKA」を開設している。

市では、経費の2分の1以内（上限１００万円）を補助する創業支援補助金も用意しており、起業を希望する女性や若者（45歳以下）は申請できる。ジェンダーギャップ解消戦略では、２０１９年度に6件だった補助件数を２０２５年までに30件に増やす目標を設定している。

環境経済課経済政策係によると、IPPO TOYOOKAに相談にやってくる女性は、年々増えており、創業支援補助金の交付決定者数も女性が男性を上回っている。都会からＵターンで戻ってきて、空き家になっていた実家を改装し、カフェを開店するといった起業の例も見られるという。

“ヒドゥンカリキュラム”を取り除けるか

教育の分野にも変革の波は広がっている。

「教科書に載っていない学習内容のことを潜在的カリキュラム（ヒドゥンカリキュラム）といいますけど、僕らは女性の校長や教頭が少ない状態を放置することによって、子どもたちの間にアンコンシャス・バイアスがまん延するのを手伝ってきたのではないかと思っています」

市教育委員会教育長の嶋公治《しまこうじ》はそんなふうに反省の言葉を口にする。

豊岡の市立小・中学校の校長・教頭のうち女性が占める割合は5・3％（2020年4月時点）ときわめて低く、このままでは、「女性はどんなにいい先生でも、教頭や校長にはなれない」というアンコンシャス・バイアスを子どもたちに植えつけてしまいかねないからだ。

ジェンダーギャップ解消戦略では「子どもたちがジェンダーギャップ解消の必要性を自分のことばで語っている」という目的（手段06）を実現するために、教育現場の管理職比率を是正し、2025年までに小・中学校の女性校長・教頭の割合を10％に増やすという目標を設定している。

また、2021年10月と11月に幼稚園の教諭や保育士を対象とした研修会を、2022年8月に市立小・中学校の管理職や教職員、市立幼稚園・認定こども園・保育所の管理職や教職員を対象とした研修会を開催し、ジェンダー視点に立った保育や教育、学校経営や児童生徒への対応のあり方についての理解を深めた。

2022年8月には、「中学校生徒会リーダー研修会」をオンライン方式で開催し、市立中学校9校の生徒会リーダー34人が「未来を描く！　一人ひとりのライフデザイン」をテーマに話し合った。

研修会で、生徒たちは3～4人のグループに分かれ、「男性だから、女性だから、得したこと、損したこと」「学校ごとの男女別人数調べ（生徒会役員数、教員数、PTA役員数）から何を考えるか」「男性、女性の役割、イメージ」「明日からできる取り組み」などについて意見を交わした。

市政のジェンダー主流化に向けて

今では日本でもすっかり定着した感のあるSDGsだが、17の目標を知っていても、その原典である「我々の世界を変革する：持続可能な開発のための2030アジェンダ」を読んだことがある人は少ないかもしれない。この文書の中では、17のすべての目標において「ジェンダーの視点をシステマティックに主流化していくことは不可欠である」と明記されている。

その背景には、「このままでは世界は続かない」という強い危機感がある。グローバル化にともなう経済や雇用・労働条件の変化、気候変動、自然災害、感染症のパンデミックといった危機は男女に異なる影響を及ぼす。身体的な違いやジェンダー、つまり家庭内、社会、経済に構造化された性別役割分担や男女の力関係に起因する影響だ。

こうした違いや不平等に目を向けることなく、行政が政策や事業を立案、実施すれば、男女の格差はますます温存される、あるいは拡大しかねない。

したがって、政府や自治体においては、すべての政策領域で男女別データやジェンダー統計を活用して、ジェンダー分析を行うことや、男女の双方が政策決定過程に参画することが求められており、それが「システマティックなジェンダー主流化」にほかならない。

豊岡市ジェンダーギャップ解消戦略においても、「市民にジェンダーギャップ解消の必要性が知られている」という目的（手段01）を実現するために、「市の政策にジェンダー視点が主流化され、ジェンダーギャップ解消の必要性が市民の暮らしの中に浸透している」という4桁手段（0103）が掲げられている。

2021年度から、市役所内にジェンダーギャップ解消庁内推進委員会が設置されたのも、この目的を達成するためだ。推進委は、各部署から選ばれた課長補佐級、係長級、主任級の職員14人（男性7人、女性7人）で構成され、ジェンダーギャップ解消戦略の進行を管理するとともに、男女別データの収集・分析、ジェンダー分析に基づいた施策の立案・実施・モニタリング・評価を行っていくことになった。

推進委は年に数回開催され、筆者（大崎）は毎回、アドバイザーとして出席している。同年3月に策定された「第4次豊岡市男女共同参画プラン」の骨子案も、推進委とジェンダーギャップ解消戦略会議の合同会議を経てまとめられた。国の男女共同参画基本法に基づいた行動計画に当たる同プランと、人口減少への危機感に端を発したオリジナルのジェンダーギャップ解消戦略、この両者が相互補完する形で策定され、実行されているのも、豊岡ならではのメソッドだろう。

豊岡はどう変わったか

市長を退任した後、「深さをもった演劇のまちづくり」を民間レベルで進める「一般社団法人豊岡アートアクション」の理事長に就任した中貝宗治は、「ジェンダーギャップを放っておいたら、豊岡は世界で輝くことなんてできないけれども、この大問題に本気で取り組んだら、それ自体が世界で輝くチャンスを生み出す」と話す。

「豊岡の水準はまだまだ低いと思いますけど、とことん本気でやる姿勢を貫けば、世界の人々のハートに届くはず。そういう、ある種したたかな見方も僕はしているんですね」

２０２２年からＤＸ・行財政改革推進課長を務める若森洋崇は「この5年間ぐらいで、企業のジェンダーギャップ解消は徐々に進みつつある」と見ている。

「進んでいない企業は、男性も採れないし、採れても定着しないので、ボロボロになっていきますよね。ただ、まち全体のジェンダーギャップ解消となると、なかなか難しいかもしれない。豊岡が頑張るだけでなく、他の基礎自治体もだんだん変わり始めていって、面的な広がりが生まれていく流れの中で、豊岡も変わるという流れじゃないかな。たぶん一世代分ぐらいの年月はかかります」

市役所のキャリアデザインアクションプランを推進してきたジェンダーギャップ対策室の岸本京子は、２０２２年度までの第1期を「想像していた以上に職員の間に知識やスキルの差があって、やや研修詰めになってしまった」と振り返った。

だが、大きな変化も見られたという。

「２００1年に1人が取得して以降、ずっとゼロだった男性の育休取得が50％ぐらいに上がったんです。職員の家族の妊娠・出産情報が共有されるようになってからは、上司も周囲も本人に対する声かけを徹底していますし、平均で約１カ月取れるようになった。育休の取得の仕方についても人事課がしっかり相談に乗っていて、それぞれの職員の事情に合った取り方を推奨できていると思います」

２０２２年3月、豊岡市は最新の若者回復率を公表した。

２０２０年の国勢調査の結果に基づく若者回復率（２０１５〜20年）は、全体では前回（39・５％）より４・２ポイント低い35・３％、男性は前回（52・２％）より10・６ポイント低い41・６％、女性は前回（26・７％）より１・８ポイント高い28・５％だった。

２０１５〜20年にかけての5年間は、国内の景気がおおむね良好だったため、都市部の大企業における求人が増え、男性の若者の流出が拡大したと、市では分析している。

また、女性の若者回復率が若干上昇した理由については、外国人技能実習生の急増にともなうものと冷静に見ている。20代が多い実習生の転入は若者回復率を押し上げており、その効果は、転入者数が男性よりも少ない女性の回復率により顕著に表れるからだ。

しかし、この間、「ジェンダーギャップ解消の〝シャワー〟をまち全体にかけ続けてきた」と語るジェンダーギャップ対策室長の上田篤は、「あちこちで小さな変化が少しずつ起き始めている」と前を向く。

「市が開催したセミナーに参加したことをきっかけに、新たなチャレンジに踏み出す女性が企業や地域の中に現れ始めていますし、自治会の役職に就く女性もだんだん増えてきた。女性社員を製造ラインに配置するために、設備を改善したメーカーもあって、その工場では結果的に男性社員も働きやすくなったと聞いています」

豊岡の取り組みについて上田が語るとき、しばしば強調するのは、ジェンダーギャップの解消を目指す一連の事業に「市民の税金は基本的に使っていない」ということだ。

市役所のキャリアデザインアクションプランでは自腹を切っているものの、その他の事業の予算（人件費を除く）には、地方創生推進交付金とふるさと納税の寄付額をほぼ半々の割合で充当している。企業の視察団がやってくれば、上田が自ら「企業版ふるさと納税をぜひお願いします」と頭を下げ、内閣府や経産省などから事例報告を求められて上京した際にも、「謝金はいらないので、代わりにふるさと納税を」と言って寄付を呼びかけてきた。

ちなみに、市からの返戻品の中には「神戸ビーフ（但馬牛）」という〝キラーコンテンツ〟が含まれており、その旨も上田は相手側にしっかり伝えている。金銭の面においても、豊岡は相当したたかなのだ。

ジェンダーギャップ解消について「最優先でやることでない」と主張して当選した現市長の関貫久仁郎は、任期3年目を迎えた今、次のように話している。

「条例化は時期尚早ですが、ジェンダーギャップがあるならば、解消していくのは当たり前です。ただ、べつにそれをいの一番の政策にする必要はなくて、粛々と進めればいい。職員に対しては、意味のあることを効率よくやってほしいとは言っていますけれども、僕のレベルで予算を削ったことはありません」

次章では、豊岡の企業がどのように変わっていったのかを見ていく。

第4章

変わり始めた企業

Transformation

女性だけの工場という実験——株式会社東豊精工

豊岡の企業は、ワークイノベーションやジェンダーギャップ解消にどのように取り組んでいるのか。

初めに、本書ですでに何度も名前を挙げた岡本慎二（豊岡商工会議所会頭、ワークイノベーション推進会議会長、ジェンダーギャップ解消戦略会議委員長）が社長を務める株式会社東豊精工からのぞいてみよう。

東豊精工は１９５７年、精密ばねの専門メーカーとして創業した。ＯＡ機器、自動車、医療機器、航空機など多様な製品に用いる約３０００種類のばねを、月産３５００万個のペースで製造しており、その高い技術力には定評がある。１９９０年代以降は、中国の深圳や上海にも生産拠点を設けている。本社の従業員数は１０７人、このうち女性は32人（29・9％）だ（２０２２年10月時点）。

現在、社長を務める岡本慎二は、創業者だった父の後を継いだ。名古屋の工業大学を卒業後、世界最大のばねメーカーである日本発条（ニッパツ、横浜市）に5年半勤めた後、後継者として戻ってきた。

だが、豊岡で働き始めてしばらくすると、「何かおかしいな」と違和感をおぼえたという。

「機械を操作してばねを巻き取るのは男性従業員、加工・計量・出荷準備といった業務は管理課の女性従業員という分担になっていたんですが、社内では女性従業員のことを『管理課の誰々さん』と呼ぶのではなく、ひとくくりに『女の子』と呼んでいたんですね。『じゃあ、この仕事は女の子にやってもらおうか』という具合に。さすがにそういう呼び方はニッパツでもしていなかったので、どういうものかなと感じましたよ」

1991年、東豊精工は中国・深圳に工場を建設し、岡本は代表取締役副社長として現地で指揮を執ることになった。そのときに考えたのが、「機械操作も女性でできないか」ということだった。

「当時の深圳は経済特区には指定されていましたけれども、道路が東西に1本走っているだけの、土ぼこりが舞っているような街だったんですよね。そこに日系企業もポツポツ進出し始めていたので、現地を視察したところ、男たちは昼間から街角のビリヤード台に集まって遊んでいて、工場では女性たちが一生懸命に働いている。その様子を見て、うちでも実験してみようと思ったんです」

人材市場（就職あっせん場）を通じて『高卒・職業学校卒・大卒の25歳以下の女性』という条件で募集をかけてみたところ、各地の有名校で学んだ女性が応募してきた。その中から10人ほど採用し、事務職から製造職まですべて女性従業員に任せる形で工場を立ち上げた。

しかし、この実験は長くは続かなかった。中国では開放政策の進展にともなって女性の求人が急速に増えていき、女性だけを集めて工場を稼働させていくのが困難になったのだ。

「中国では理系や工学系出身の女性は日本より多いんですが、いろいろな職種の求人が出てくるようになると、やはり工場で機械を操作したいという女性を見つけるのはだんだん難しくなった」と岡本は言う。

やむなく、性別に関係なく優秀な人材を採用するという方針に変更したところ、機械操作の担当は徐々に男性に置き換わり、それ以外の生産活動には男女両方の従業員が携わる体制に落ち着いていった。女性役職者の数も、深圳工場や2003年に立ち上げた上海工場の方が豊岡の本社よりも多くなった。

ただ、以前は、日中の違いについては「あまり気にしていなかった」と岡本は打ち明ける。

「中国では女性も自己主張がすごく強くて、男性以上だったりしますし、それに比べたら、この但馬では女性は控えめというか、奥ゆかしいというか、あまり前に出ようとしない。そういう風土の違いがあるのかなと漠然と感じていました」

給与面でも、深圳や上海の工場では男女差はまったくないのに対し、豊岡の本社では男性の方が女性より優遇されてきた。

「給与制度を男女別々にしていたわけじゃないんですよ。ものづくりを重視する会社ですから、機械を操作する男性従業員と、補助的な業務をやっている女性とでは、賃金に差が出てきますよね。ただ、女性の場合は、旦那さんも勤めに出て稼いでいるんだから、賃金をそこまで高くしなくてもいいだろうという意識もゼロではなかった。そこは反省していますね」

　そうした社内のジェンダーギャップを岡本が、否が応でも認識せざるをえなくなったのは、２０１８年以降のことだ。同年10月、豊岡市ワークイノベーション推進会議が発足すると、岡本は会長に推された。

「人口減少の原因は若い女性が帰ってこないこと、その原因は、女性にとって働きやすくて働きがいのある企業が少ないことだと、当時の中貝市長に言われましてね。なんだか企業の責任にされたような気もしましたが、改めてよく考えてみたら、そういうところもあるかなと」

　そう言って岡本は温厚そうな笑顔を浮かべる。

「まともな経営者ならジェンダーギャップ解消の必要性はわかるはず、と言われたら、それはそうだと思いますわ。豊岡では人口減少が一層進んでいくでしょうし、ワークイノベーションに取り組んで、採用を１人でも２人でも増やしていかないと、いずれ企業活動は維持できなくなる。そういう強い危機感を抱いていますよ」

子育て支援や人事制度改革に着手

東豊精工では２０１９年と翌２０２０年に、市が設計した従業員意識調査を実施し、その結果を受け、子育て支援の充実や人事評価制度の再構築、女性従業員の登用・育成といった課題に取り組み始めた。

まず子育て支援に関しては、男性育休の取得を奨励することになり、２０２０年12月に１人目が取得した。岡本は「初めての男性育休取得を応援します！」と書かれたメッセージを本人に手渡した。

男性育休の導入にあたっては、「育児休業等の取得に係る事前通知書」も用意し、事前に本人に育休取得時期を記入してもらい、同じ部署の社員がその情報を共有して応援体制を整えるようにしている。

「うちはまだ期間は10日間ぐらいと短いので、せめて1カ月休めるようにしたい」というのが岡本の希望だが、２０２２年3月までに4人が男性育休を取得した。

有給の育児目的休暇も制度化した。男性は、妻の出産6週間前から子どもが1歳になるまで、計10日取得することが可能で、3歳未満の子どもを持つ女性は、子どもが1人の場合は年に5

日、2人以上の場合は年に10日取得できる。

また、学校が夏休みや冬休みといった長期休暇に入っている間、「子どもを学童保育に送ってから出勤すると、午前8時15分の始業に間に合わない」との声も社内から上がっていたため、従来は子どもが3歳になるまでは認めていた育児短時間勤務の期間を、子どもが小学4年生に上がるまでに延長した。併せて、小学3年生までの子どもを学童保育に預けている社員は、月単位で始業を1時間ずらす時短勤務を選べるようにした。

人事制度の再構築に乗り出したのは、従業員意識調査で「仕事の成果が正当に評価される」と感じている従業員の割合が他社に比べても少なかったためだ。以前は上司が部下の仕事ぶりを見て感覚的に評価していたが、新制度では、定量目標と定性目標が明確で、成果をあげた従業員が評価され、なおかつ上司から部下へのフィードバックによって、成長課題を互いに共有できるように改めた。

現在は、スマホを使って上司が評価を入力し、部下もその内容を見られるタレントマネジメントシステムを導入する準備も進めている。

ジェンダーギャップをテレビでクローズアップされる

東豊精工の上海工場では、役職者に占める女性の比率は70％に、深圳工場では45・５％に達している。これに対し、豊岡本社では女性の役職者は４人しかおらず、女性役職者比率は11・８％にとどまっている（２０２２年時点）。従業員意識調査でも、「高い役職を担いたい」と答えた男性は48％いたが、女性は26％とかなり低かった。

そのため本社では、固定的な性別役割分担の見直しを進めていく方針が掲げたが、取り組みが始まった矢先に、痛恨の出来事が起きた。

豊岡の一連の取り組みを３カ月間にわたって追っていたＮＨＫの報道番組「クローズアップ現代」の密着取材に応じたところ、朝、総務部の女性従業員が岡本にお茶を出している様子を撮影されてしまったのだ。女性従業員は主任に抜てきされていたが、入社以来20年、毎朝の日課で上司にお茶を出し続けていた。撮影されたシーンは２０２１年６月の放送でも使われた。

「〝お茶くみ20年〟という話が全国にクローズアップされてしまいましてね。いい機会だったのでお茶出しは廃止しました」と苦笑いする岡本だが、このエピソードをまるで〝自虐ネタ〟のようにあちこちで語っている。その様子からは、改革は一歩ずつ前向きに始めるものだという確固たる意図も感じられる。

目下のところは、女性従業員に占める役職者の比率を12・9％から20％に引き上げる目標を掲げており、「同程度の能力を持つ男性従業員と女性従業員がいれば、女性の方を役職者に上げるぐらいの意識を持っておかないといけない」と岡本は話す。

配属についても、男性従業員のみだった部門に女性従業員を置いていくよう見直しを進めていく方針だが、これには壁もあるという。1つは、女性従業員がそういう業務にあまり就きたがらないこと、もう1つは採用難だ。

「今、営業に女性が1人いて、まだ補助的なポジションに就いているんですが、非常に優秀なんです。でも、第一線でバリバリやってくれるように頼んでも、『いや、私はいいですわ』なんて言ってね。じゃあ、新たに営業ができる女性を採用していけるかというと、そういう応募者はあまり見かけないですから、これもなかなか難しい」

だが、変化の兆しは見え始めている。

国家資格にチャレンジする女性たち

この間、東豊精工では、市が主催するワークイノベーションやジェンダーギャップ解消関連のセミナーや、中小企業大学校関西校（兵庫県福崎町）が開催する女性向け自己啓発セミナーに女性従業員を積極的に送り出してきた。

２０２１年12月には、社内に講師を招いてプレゼンテーション研修も実施しており、参加者25人のうち9人が女性だった。

会社側の意図が浸透してきたのか、女性従業員たちも動きだした。２０２３年1月、国家資格である金属ばね製造の技能検定（2級）を初めて8人の女性が受験し、4人が合格を果たしたのだ。

検定では、学科だけでなく、治具を使ってばねをつくる実技試験にもパスしなければならなかったが、ふだん製造の仕事に携わっていない彼女たちは、男性従業員の教えを受けながら、実技の練習にも励んだ。その中には、子育て中の女性も含まれていた。中心となっていたのは、業務課でリーダー（班長）を務めている女性で、「豊岡みらいチャレンジ塾２０２２」を受講している最中に、岡本に受験の意思を告げてきたのだという。

「彼女も子育て中ですけど、ああいうファーストペンギンみたいな女性が出てくると、周囲の人間にもよい刺激になりますね」と岡本はうれしそうに語る。

「合格したからといって、すぐに製造の仕事をしてもらうということではないですが、資格手当もつきますし、受験してくれたということが成果だと思っています。『3割が合格したら、受験者全員に焼き肉をごちそうする』と言っちゃったもんだから、約束を果たさなくてはいけなくなったけど」

もともと女性従業員が少ない地方の製造業で、ジェンダーギャップ解消という課題と正面から向き合うのは容易ではない。だが、岡本は、東豊精工を女性にとっても働きやすく、働きがいのある会社にしていかなければ、「将来は消滅してしまうかもしれない」という危機感を抱いている。

「格好よく言えば、ダイバーシティの実現ということになるんでしょうけど、一度都会に出ていった若い女性が戻ってきて就職したいと思ってくれるような会社になっていくのが理想ですよ。それに、企業が少しずつでも変わっていけば、必ず地域にも家庭にも影響を与える。だから、まず職場のジェンダーギャップをかっちり解消しておかないといけないと思っています」

その言葉の通り、地元経済界の重鎮である岡本が考えているのは、自社のことだけではない。２０２０年12月に開かれた豊岡市ジェンダーギャップ解消戦略会議の最終回では、各委員はそれぞれ「行動宣言」を発表したが、そのとき岡本がフリップに大書したのは「とよおかフェアネス！」という言葉だった。

「ジェンダーギャップを解消し、公平で多様性を重視する企業の仲間を増やす」と続く宣言は、市内のあらゆる経営者に向けたメッセージでもある。

温泉旅館の常識を覆す勤務形態──株式会社ユラク

続いて、豊岡市最大の観光資源である城崎温泉に目を向けてみよう。

城崎温泉は、今から約1300年前の養老元年（717年）、この地を訪れた僧侶の道智上人が、難病で苦しむ人々を目にし、鎮守の四所明神の神託を受けて千日の修行の末に〝まんだら湯〟を湧出させたのが始まりと伝えられている。

このまんだら湯をはじめとする「外湯（公衆浴場）」が7つあるのが城崎の特徴であり、観光客は浴衣に下駄姿でそぞろ歩きをしながら、湯めぐりを楽しむ。

近年はインバウンドも急拡大している。もともと城崎には家族経営の旅館が多く、大規模な宿泊施設は少ない。そこで、欧米やオーストラリアからの個人客にターゲットを絞った戦略を官民一体となって進めた結果、2011年に1118人だった豊岡市の外国人延べ宿泊者数は、2016年には4万4648人に、コロナ禍前の2019年には6万3648人に増えた。そのうち約80%は城崎温泉に宿泊していると市では見ている。

そんな城崎で、2021年に前述の「あんしんカンパニー」第1号（2020年度）に選ばれたのが、旅館「湯楽」などを運営する株式会社ユラクだ。1965年に民宿を開業したのが同社のスタートで、１９７３年に旅館を開業、その後、外食宴会事業やギフト雑貨販売事業なども展開してきた。従業員数は１０５人（男性42人、女性63人／２０２２年4月時点）。現在は3代目の伊藤清範が社長を務める。

「宿泊業っていうのは、そもそも人が集まりにくい業種、辞めやすい業種じゃないかと僕は理解しているんです。というのも、基本的に24時間営業、３６５日営業で、ゴールデンウィークやお盆や正月といった世間のみなさんが休んでいる時期が一番忙しい。つまり世間一般とは真反対の働き方をしなくてはいけない業種なんですよ」

開口一番、伊藤はそう話を切り出した。

温泉旅館では、従業員の勤務形態を宿泊客の滞在時間に合わせるのも一般的だ。客室係（仲居）の場合で言えば、午後に出勤してお客を出迎え、部屋に案内してお茶を出したり食事の支度をしたりした後、夜は旅館を出て寮などで就寝する。そして翌朝早く旅館にやってきて朝食の支度をし、チェックアウトしたお客を見送った後に退勤する。こういう変則的な働き方は、1日の勤務が2日間にわたっているという意味で「たすき掛け勤務」、あるいは昼間にいったん職場を抜けるという意味で「中抜け勤務」と呼ばれている（次ページ図表4－1）。フロント係や調理場の出勤・退勤も基本的に同様だ。

ただ、これはきわめて働きづらい勤務形態であり、「結婚した女性や子育て中の女性にはまず無理ですね」と伊藤は言う。

「昔から旅館では、各地の旅館を渡り歩いてきた知識や経験の豊富な女性を雇用して、住み込みで客室係をやってもらったりしてきたんですが、そういう人は風来坊というか、個性の強い人が多くて、職場の人間関係を良好に保つのがめちゃくちゃ難しいんです」

かつてテレビではよく、温泉旅館を舞台にしたドラマが昼間に放送されていたが、以前の旅館湯楽も「まさにあの世界だった」と伊藤は振り返る。

「仲居さんたちが派閥に分かれて愚痴や不満を言い合ったり、仲居頭とこわもての料理長がバチバチぶつかったりして、お客様のためによいサービスを提供するための連携が取れていなかった。そういう職場にせっかく若い人が入ってもなかなか定着しないし、ベテランはベテランで、人間関係でもめるとすぐに辞めていく。その度に本当に困っていました」

ユラクでは、職場環境を改善するため、2000年頃から、徐々にたすき掛け勤務・中抜け勤務を廃止して、従業員が7~16時の勤務

湯楽（シフト制）	月	火	水	木	金	土	日
	14時-22時	14時-22時	休	7時-16時	休	7時-16時	14時-22時

一般的な旅館	月	火	水	木	金	土	日
	7時-10時	7時-10時	7時-10時	7時-10時	休	半休	7時-10時
	中抜け	中抜け	中抜け				中抜け
	16時-21時	16時-21時	16時-21時	半休	休	16時-21時	16時-22時

両方とも40時間

出所：株式会社ユラク

図表4-1　湯楽と一般的な旅館の勤務形態の比較

と14～22時の勤務に分かれる2交代のシフト制を導入した。これは温泉旅館の常識を覆す異例の働き方で、あんしんカンパニーの審査でも高く評価されたが、当然ながら2交代にすれば、単純計算で倍の人手が必要になる。到着した宿泊客を迎える従業員と、翌朝送り出す従業員が別々にならざるをえないからだ。

「でも、旅館というのは、チームワークがすべて、人間関係がすべてですから、新しく雇用した人が長く働けるような職場環境を整えて、従業員同士がしっかり連携を取れるようにしないと、結局はお客様の声に応えられないし、いいサービスが提供できない」と伊藤は言う。

「確かにコストはかかります。だからよく城崎の同業者にも『なんでユラクさんではシフト制ができるの?』って聞かれるんですけど、コストがかかる分、売り上げを伸ばしたり、収益率を高めたりできていないと、こういう勤務形態は成り立たないんですよね」

客室係に男性従業員を配置する

１９７８年に生まれた伊藤は、大阪の私立大学で学んだ後、城崎に帰ってきて株式会社ユラクに入社した。幼い頃から先代の父親に「お前は後継ぎだ」と言い続けられて育ったせいか、他の進路を考えたことはまったくなく、小学校の卒業文集に「将来はユラクの社長になる」と書いたほどだった。

入社後は、まず旅館の前で営業している海産物販売店「朝市広場」を任され、経営のいろはを学びながら、魚介類の扱い方やせりのノウハウを習得した。

その後は旅館の調理場に入り、メニューの改革に乗り出した。意識していたのは「地産地消」だったという。

「特にお刺し身ですね。旅館の調理場っていうは、料理人がつくりやすいものをつくりたがる傾向があって、だから年中、安定的に入ってくる養殖のタイやブリやカンパチで刺し身をつくるんです。でも、本来、お客様はその土地で獲れた魚を食べたいわけですよね。地元の魚は獲れる日もあれば獲れない日もあるので、それでメニューをつくるのは難しいんですが、僕が選んだ魚を調理場に持っていって、全部自分で刺し身をつくっていました」

メニュー改革と並行して、客室係の職場改革も進めていった。たすき掛け勤務・中抜き勤務をなくして以降も、湯楽の客室係はベテランの女性中心の職場であり続けていたため、そこに若い男性従業員を配置することで雰囲気を変えていったのだ。

「べつにジェンダーギャップの解消を目指していたわけじゃないんですよ。もともと僕の中では、接客は女性、料理は男性という考え方はなかったですし、背が高くて力が強い男性が客室係をしていたら、女性の客室係も助かる。お客様の反応もよかったので、随時、男性を増やしていって、少しずつ職場を中和していったという感じですかね」

社員ファーストがお客様満足度につながる

その後、２０１２年に社長に就任した伊藤は、ベテラン勢の客室係や調理係が引退、離職していったのを機に、採用の仕方も根本的に改めた。城崎の旅館では今も、ハローワークを通じて経験者を採用するやり方が主流だが、あえて新卒の未経験者を募集することにした。

「年々人が入れ替わっていって、職場のコミュニケーションもよくなってきたので、福利厚生や人事の制度も少しずつ変えていきながら、『いざ、出陣』じゃないけども、新卒採用に打って出たんです。ただ、地元で探してもなかなか人材は見つからないので、僕自身が京阪神地区の就職説明会に出向いて関西圏の学生さんにプレゼンしています」

社では毎年、7人ほどの従業員がチームを組み、日々の業務とは別に採用活動に従事している。採用するのは年に数人ほどだが、現在、旅館の中で働いている従業員の約7割が20代だという。

「今の若い人は、就職先を選ぶとき、給与の面よりも、職場環境がいいとか、休みがちゃんと取れるとか、社会貢献ができるといったことを求めていますよね。実際、説明会でアンケートを取ると、多くの学生さんがそういう項目に丸をつけている。だからこそ、僕の代になってからは、経営理念を『お客様第一主義』から『社員ファースト』に変えたんです。従業員たちが心から働きやすいと感じられていれば、気持ちのよい接客ができるし、それが本当のお客様満足度につながっていくんじゃないかと思っています」

ユラクでは、毎年、従業員間の投票で優秀者を選ぶ社内表彰制度を運用している。これも「風通しのいい職場づくり」の一環であり、優秀者には会社が報奨金を授与する。

また、社内研修で従業員は、接遇、ホスピタリティ、英語などの座学を外部の専門講師から受けられるほか、着付け、茶道、生け花、琴などを学ぶこともできる。研修はすべて勤務時間内に実施されており、従業員は給与を得ながら自己研鑽《けんさん》に励むことができる。

1カ月単位の変形労働時間制を採用しているのもユラクの労務施策の特徴だ。これには、城崎温泉特有の〝事情〟が深くかかわっている。

城崎温泉は、繁忙期と閑散期の差が非常に大きい。11月から3月にかけてはカニ漁が解禁されるため繁忙期となるが、4月から7月は閑散期、8月は夏休みで繁忙期となり、9月、10月は再び閑散期に戻る。

そのため城崎の旅館の多くは、閑散期に合わせて従業員の数を確保しておき、繁忙期には足りない人員を派遣社員で補っている。加えて、1年単位の変形労働時間制を採用し、閑散期の労働時間を減らし、繁忙期の労働時間を増やすことで、残業代を抑制している。

これに対し、ユラクでは繁忙期に合わせて従業員の数を確保し、以前は採用していた1年単位の変形労働時間制もやめて、1カ月単位の平均労働時間を所定労働時間内で調整する仕組みに改めた。

その理由について、伊藤は「繁忙期にたくさん働いているのに、残業代が出なかったら、従業員は納得しないでしょうし、そうするとお客様に対するサービスが安定しなくなるから」と説明する。

「会社としてはあえて不利なことをやっているんですが、働いた分を払うのは当たり前ですよね。就活の学生さんにも、繁忙期にもしっかり残業代を払うことを説明して、わかってもらうようにしています」

湯楽の料理を育てる

現在、旅館湯楽の料理長は、中村月美という子育て中の女性が務めている。これも業界ではきわめてまれな人員配置だ。

城崎の別の旅館の調理場や豊岡市街の割烹料理店で働いた経験がある中村は、12年前、ユラクの朝市広場が出していた求人に応募してきた。夫は城崎の鮮魚店に勤めており、2人の子どもがいるため、「パートで働きたい」というのが本人の意思だった。

しかし、その技術力を見込んだ伊藤が「旅館の調理場で働いてほしい」と頼み込み、中村は日中の仕込みの時間帯だけ調理場に立つようになった。

「ほかの料理人たちがびっくりするぐらい、よく仕事をするし、人柄もいい。お客様に喜んでいただける料理をつくりたいという思いも強い人なので、料理長になってほしいなとずっと思っていた」と伊藤は打ち明ける。

その希望はすぐにはかなわなかったが、伊藤は説得を続け、4年前、子育てがひと段落したタイミングで中村は料理長を任された。勤務時間は基本的に午前8時から午後5時までで、夕食の下準備が終わったら帰宅する。

「そういう勤務形態をつくっていただかないと、とてもじゃないけど、料理長の仕事に就けなかったです」と中村は感謝の言葉を口にする。

通常、料亭や旅館の調理場では仕事が分業化、序列化されている。呼び方は店によってさまざまだが、洗い物や野菜の下処理などを担当する下積みの「追い回し」、盛りつけを担当する「先付け・八寸場」、焼き魚やてんぷらなど加熱調理を担当する「焼き場・揚げ場」、煮物や吸い物の味つけを担当する「蒸し場・煮方」、刺し身を切る「板場」といった具合に分かれており、料理人たちはこの順番に従ってステップアップしていく。

だが、旅館湯楽の調理場では仕事が分業化、序列化されていない。料理人たちはいずれも新卒で採用した未経験者ばかりだが、それぞれの担当は、中村の指示によって日々ローテーションで変わる。

「私がいなかったり誰かが欠けたりしていても、調理場が回るようにするため」と中村はその理由を説明する。

既製品の業務用食材を使わないのも湯楽の料理の特徴だ。

「お客様に喜んでいただくためには、手間がかかっても1つひとつの料理を手づくりでお出ししたい。その方が若い子たちの技術の向上にもつながるので、手は抜きません」と中村は話す。

料理はすべてレシピ化され、人が入れ替わっても味が変わることがないようにしている。また、メニューは全従業員の合議制で決めており、調理場で働いていない新人の従業員であっても、自分が考えたアイデアを提案できる。

「そうやって〝湯楽の料理〟を育てているんですよ」と伊藤は語る。

帰ってきた元アルバイト

２０１８年に豊岡でジェンダーギャップ解消に向けた取り組みが始まったとき、伊藤は「世の中の動きに対する理解が乏しかったというか、特に何も思わなかった」のだという。自身が取り組んできた改革は、「従業員が働きやすい職場をつくって、お客様へのサービスを向上させたい」と考えて進めてきたことであり、ジェンダーギャップ解消という問題意識も持っていなかった。

しかし、ワークイノベーション推進会議に参加してからは、次第に意識が変わっていった。

「従業員の間に、地域から認められている会社で働いているという自覚とか責任、自信やプライドを醸成していきたいと思うようになりましたね。あんしんカンパニーの表彰にチャレンジしてみたのもそのためです」

そんな伊藤にとってうれしい出来事があった。２０２３年の春、豊岡出身で県外の大学で学んでいた新卒の女性が従業員として入社したのだ。

前年の２０２２年、ユラクが大阪で就職説明会を開いたときのことだ。コロナ対策のマスクを着用した女子就活生が伊藤の方に近づいてきて、「社長、私のこと、おぼえていますか」

と尋ねた。

「えっ？」と首をかしげている伊藤に対し、彼女は名前を名乗り、「以前、湯楽でアルバイトをしていました」と打ち明けた。バイトをしていたのは、大学進学が決まって豊岡を離れるまでの約3カ月間だった。その後、ユラクがあんしんカンパニーの第1号に選ばれていたことも、親から送ってもらった新聞記事を読んで知っていた。

「バイト中は、みなさんにすごくよくしてもらいましたし、サービス業の会社で働きたいと思っていたので、卒業して豊岡の実家に帰るのなら、ユラクに就職しようと決めていました」

説明会でそう語った彼女は、２０２３年4月から湯楽で客室係として働き始めているという。

高級ハンガーの潜在需要と可能性——中田工芸株式会社

豊岡には、前市長の中貝宗治が掲げた旗印「小さな世界都市」に呼応するかのように、グローバルニッチを目指す企業も存在する。日高町エリアに本社を置く高級木製ハンガーの専門メーカー、中田工芸株式会社だ。

１９４６年に創業した同社は、アパレル各社がディスプレイ用に使う業務用ハンガーを製造し、国内のファッション界に貢献してきた。

２００７年7月には、東京・南青山に自社ブランド「NAKATA HANGER」のショールームをオープンし、以後、個人向け販売にも力を入れている。最近では、ユニクロのオーダースーツを購入したユーザーにハンガーをプレゼントするコラボキャンペーンを展開したことや、アマゾンのテレビＣＭに登場したことが話題となった。

現在、3代目の社長を務める中田修平は、首都圏の大学を卒業後、米国に留学して企業マネジメントを学び、ニューヨークで日系の人材紹介会社に勤めた後、２００７年に帰国した。南青山にショールームを開設する計画が持ち上がっていた時期だ。

「家業を継ぐとしたら、自分しかいないんだろうなと思っていましたが、ニューヨークからいきなり豊岡に帰るというのは正直抵抗があったんですよ」と本人は笑う。

「ただ、そろそろ帰ろうかなと思っていたとき、先代の父からショールームの話を聞いたので、『僕がやろうか』と言って立ち上げに携わりました。東京でハンガーのショールームをつくるという誰もやったことがない仕事をするのも面白いかなと思ったんですね」

中田工芸の木製ハンガーは、職人が1つひとつ手作業でつくっている。価格はメインの商品で1本５０００円前後、最高級の商品は1本3万円とけっして安くないが、高い技術力によってアパレル会社や百貨店から高い信頼を得てきた。

ただ、業務用ハンガーの取引は、夏・冬の繁忙期と春・秋の閑散期では受注量の差が大きく、

「NAKATA HANGER」ショールームの外観

閑散期は売り上げが大きく落ち込んでいた。同社が個人向け販売に打って出ることを決めたのはそのためで、ショールームを開設すると同時に「NAKATA HANGER」という自社ブランドを立ち上げた。

だが、「最初からマーケットがあると確信していたわけではなかった」と中田は言う。

「ショールームでは、訪れてきた人に上質なハンガーの大切さを説明して興味を持っていただく啓発から始めて、市場をつくっていこうと思っていました。中には、百貨店で洋服を買ったその足でショールームにやってきて、『この服に合ったハンガーが欲しい』と言うお客さんもいましたので、潜在需要はあったんだろうと思いますよ」

中田の見立て通り、２０１０年から伊勢丹

新宿店メンズ館で商品の取り扱いが始まったのを皮切りに、各地の百貨店がNAKATA HANGERを店頭に置くようになった。従来のハンガーは、アパレル会社や百貨店が洋服を売るための法人向けの〝備品〟だったが、ハンガー自体が値札のついた〝個人向けの商品〟になったのだ。

「まるでアンダーグラウンドからメジャーデビューしたような感覚でしたね」と中田はにこやかに振り返る。

同じ頃、中田工芸では、結婚情報誌『ゼクシィ』に広告を出してブライダルギフト用のハンガーを販売し始めた。最初は編集部から驚かれたというが、「服(福)をかけてください」というコンセプトで披露宴の招待客ひとりひとりの名前を入れたハンガーを引き出物にするという提案は、多くのカップルたちから「縁起がいい」と好評だった。

ブライダルギフトで成功した後は、小・中学校の卒業記念品ハンガーも展開し始めた。これも、母校の校章をプリントしたハンガーに進学先の新しい制服をかけるというコンセプトが的中し、首都圏を中心に注文が拡大した。

「たかがハンガーなんですけど、この商品を深く掘り下げていくと、自分たちが気づいていなかった魅力や可能性がどんどん広がっていった」と中田は話す。

トップが育休を取るというメッセージ

２０１７年に社長職を継いだ中田が、妻と長男とともに豊岡にUターンしてきたのは、２年後の２０１９年3月だった。そのとき妻は第2子を身ごもっており、中田は迷わず1カ月間の育休取得を決めた。

「長男が生まれたときは取らなかったんですが、子どもが生まれた直後の育児の大変さはわかっていたので、2人目のときは取ろうと決めていました。妻からも『取ってほしい』と言われていたので、男性の子育てを支援しているNPOのセミナーを受けたりして、父親になることの意味とか父親の役割とか、いろいろなことを自分なりに学んでもいましたね」

当時すでに豊岡では、ワークイノベーション戦略が実行に移されており、中田工芸も推進会議に名を連ねていた。ある会合で市長の中貝宗治と会った中田は、「私も今度、育休を取ろうと計画しているんです」と話しかけた。

「市長からは『市役所でも今年から男性職員の育休取得を推進し始めた』と聞いて、やっぱり時代の流れはそっちの方向性なんだなと思いましたね。個人としての私の選択が外の世界ともリンクしていることがわかった瞬間でした」

社長が育休を取るという選択は「社内に向けたメッセージ」でもあった。以前は、子どもが生まれた男性従業員は「これまで以上に仕事を頑張ります！」などと社内で報告するのがだいたいのパターンだったが、社長が自ら先頭に立って「育休を取る」と宣言すれば、男性従業員の意識が変わるだろうと中田は考えた。

「『隗《かい》より始めよ』ですよね。自分が育休を取っていなければ説得力がありませんし、トップがまずしっかり行動することで、みなさんも仕事を頑張るだけでなく、家事・育児もやっていきましょうというメッセージを送ることができる」

会社では、中田自身の育休取得をきっかけに、育休とは別枠で、子育てのために3年間10日間の休暇（現在は6年間で30日間）を有給で取得できる「ペアレント休暇」も制度化した。

「実際に社内にあった例ですが、この制度を利用すれば、男性従業員が、妻が2人目の子どもを出産するために入院している間に休暇を取得して、1人目のお子さんの世話をすることもできるんですよね。中小企業は制度を柔軟に設計したり変更したりできるので、とにかく取得してもらいやすいようにつくることを考えています」

ジェンダーギャップ解消だけでは女性は集まらない

中田工芸では、ワークイノベーション推進会議に参加する前から働き方改革にも着手しており、２０１４年に「ノー残業デー」を導入した。その結果、従業員の間に残業削減の意識が芽生え、同年に24時間だった１人当たりの月平均残業時間は、２０１９年には９・５時間に削減された。

同社の働き方改革は、１つには繁忙期の残業で従業員たちが疲弊するのを防ぐためでもあったが、社長の中田が外部環境の変化を察知したからでもあった。アパレル業界では、ファストファッションの台頭によって洋服の流通量が増える一方、価格の全体的な低下によって市場規模が縮小しつつあり、「量を追い求めてばかりいると、いつか無理が生じる」と中田は考えていたという。

「長時間働いて、たくさんハンガーをつくるよりも、生産性を向上させて、ハンガー１本あたりの付加価値を高めて、しっかりと利益を確保していく方がいいと思ったんですね。こちらが設定した値段で受注が取れなかったら、それでもかまわないと営業にも伝えました」

こうした経営視点に立った改革は、結果的に女性の活躍の機会を広げることにもつながった。

２０１１年に8人だった女性従業員は、２０２２年には19人と倍以上に増えており、全従業員の約30%に当たる。もともと男性中心だった営業部でも、すでに男女比率が逆転している。２０２３年には女性の役職者（主任）も3人誕生した。

２０２０年9月には、女性が能力を発揮できる環境をグローバル基準で整えていくため、「女性のエンパワーメント原則（Women's Empowerment Principles:WEPs）」にも署名した。ＷＥＰｓとは、２０１０年3月に企業連合体である国連グローバル・コンパクトと国連婦人開発基金（UNIFEM／現UN Women）が共同で策定した7原則であり、企業がジェンダー平等を推進するための行動指針だ（図表4-2）。UN Womenが運営するＷＥＰｓの公式サイトには、日本を代表するＷＥＰｓ署名企業の経営者として、中田のインタビュー動画が紹介されている。

ただ、中田自身は「ジェンダーギャップの解消に取り組んでいるだけでは、女性は集まってこない」とも言う。

「もちろん、ジェンダー平等は重要な要素ではあるんですが、ハン

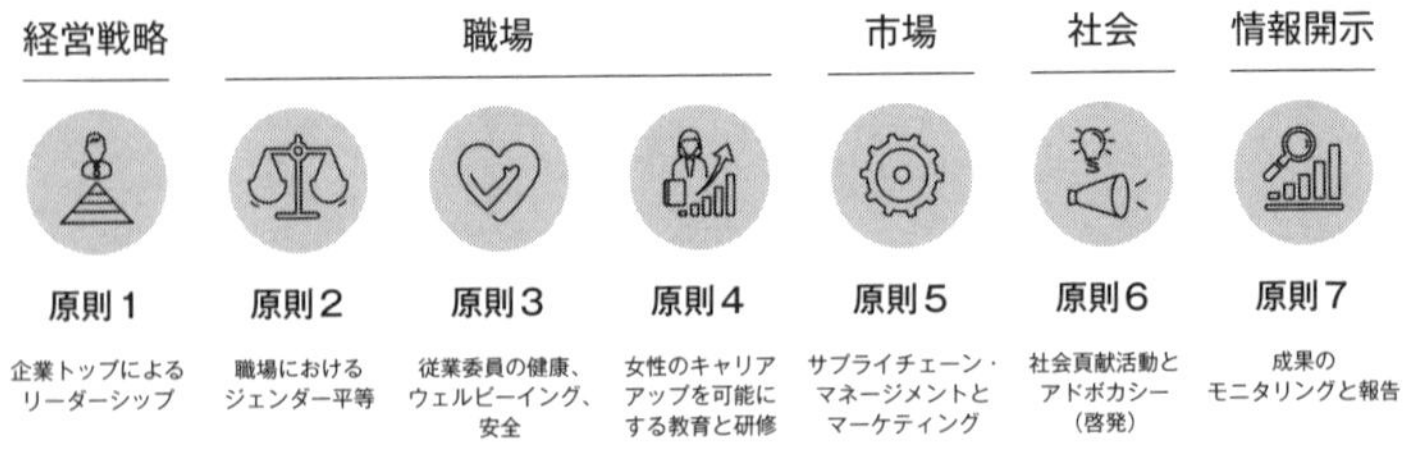

出所：UN Women－日本事務所

図表4-2　女性のエンパワーメント原則（WEPs）

ガーという商材を通じてユニークなビジネスを展開している点にまず興味を抱いて、なおかつこの会社では女性や若い人たちが生き生きと働いていることを知った人が入社してくれているんだと思います。特に今の若い人は、自分はどんなキャリアを歩みたいのかを先に考えますから、自分に合った仕事を探しつつ、その職場で男女間の公平性が担保されているかどうかを確認しているんだと思いますね」

小さな世界企業を目指して

２０１７年の社長就任直後から海外展開を構想していた中田は、２０２１年、社内に「海外チーム」を設置して、本格的なマーケティング活動を開始した。メンバーは当初、営業部の2人だったが、現在は4人に増えている。いずれも英語が堪能な女性従業員たちだ。

海外チームでは、最初のメンバーだった2人が日本貿易振興機構（ジェトロ）の中小企業向け海外ビジネス研修を受けるなどして、NAKATA HANGERの価値分析や市場調査を進めていった。

現在は英国ロンドンのテーラー街、サヴィル・ロウのオーダーメイド店を中心に商品の注文を受けているほか、ネット通販でも売り上げを伸ばしている。２０２３年は1月にサヴィル・

ロウのカフェを貸し切りにして展示会を開催したほか、9月には香港でイベントを行い、海外チームの女性2人が販売活動に携わった。

「英語を使える仕事をしたい」と希望する女性の採用は毎年のように続いており、海外チームの中にはIターンで入社したメンバーもいる。

「但馬地域へのIターン就職なんて、本当にそんなことがあるのかな」と不思議に思った中田だったが、彼女たちは一向に気にする様子はなかったという。

「もともと私たちは東京や海外を意識してビジネスを展開しながら、常に外向きに情報発信をしたり外から情報を収集したりしているので、そういうところに魅力を感じてくれているのかもしれませんね。それに最近わかってきたんですが、今の若い子って、私たちが思っている以上に地方で暮らすことへの抵抗感が小さいんですよ」。そう中田は話す。

高級木製ハンガーの海外展開という「ユニークなビジネス」に魅力を感じて集まってきた女性たちが、働きやすく働きがいのある職場で意見を出し合い、力を発揮する。同社の中には、事業拡大とジェンダーギャップ解消の好循環が生まれつつある。

中田工芸が追求し始めたグローバルニッチの企業像は、前市長の中貝が示してきた「小さな世界都市」という〝構え〟にも少なからず重なる。

社長の中田自身、「豊岡のような地方都市でキラリと光る存在になれたら、いろいろな出会いが生まれる」と考えており、「小さな世界企業を目指す」という先代以来の夢を受け継いでいる。

実現に向けた挑戦はまだ始まったばかりだ。

廃棄漁網でランドセルをつくる――株式会社由利

２０２２年12月、北海道厚岸町で回収された廃棄漁網を再利用してつくられたランドセルが、同町の新1年生のために13個寄贈された。

このランドセル「ＵＭＩ（ウミ）」は、豊岡市のかばんメーカー、株式会社由利が製造した。材料面では、ナイロン製の漁網でつくった生地が全体の62％に使われており、容量は最大15リットル、重さ１１８０グラム。3種類の異なる芯材を用いた荷重分散ベルトを採用しており、ベルトが子どもの肩に広く接触するため、身体への負担が軽減される。

一般社団法人日本鞄協会ランドセル工業会は、ランドセルの規格を「皮革または人工皮革を素材としてつくられたもの」と定めているため、同社ではＵＭＩを「スクールリュック」と呼んでいる。

「試作は14回繰り返しましたが、そんなことをしたのは初めてですよ」と社長の由利昇三郎は

廃棄漁網からつくられたランドセル「UMI」

語る。

「最近は、重さ１１００グラムを切る軽いランドセルも出てきていますけど、機能面が十分ではないんですね。その点、ＵＭＩはたっぷり荷物が入れられて、なおかつ軽く感じられる機能が備わっています。従業員の子どもたちに実際に使ってもらってモニタリングをしたところ、子どもたちはみんな返却するのをいやがりましたよ」

開発のきっかけは、由利が兵庫県鞄工業組合の理事長を務めていた頃、前出の薗田綾子（株式会社クレアン代表取締役）に海洋ごみによる海への負荷の軽減に取り組む一般社団法人「ALLIANCE FOR THE BLUE」の理事長を紹介され、廃棄漁網のアップサイクルについての話を聞いたことだった。

国内外のトップブランドのＯＥＭ（相手先ブラ

ンドによる生産）を多く手掛けてきた株式会社由利では、スペインのブランドから再生プラスチック素材を用いた商品の製造を引き受けたことがあり、「ファッション界でもＳＤＧｓがトレンドになっていることは知っていた」と由利は言う。

「再生プラスチックの生地は値段が高くて、廃棄漁網の生地も通常の4、5倍するんですが、自社のプライベートブランドで商品をつくるのであれば、価格は若干高いけど、許される範囲に抑えられる。そう思って、手を挙げたんです」

ＵＭＩの商品コンセプトは「海を守り、子どもたちを守り、子どもたちの未来のために」であり、この商品は、今後、同社が企業価値を向上させていくための重要なツールになっていく可能性を秘めている。

海外生産で生き永らえ、国内に回帰した

株式会社由利は、由利昇三郎の父が１９７１年に実家の金物店を地場産業のかばん製造業に業態変更して創業した。

２００６年から2代目の社長を務めている由利は長男ではなく、次男だ。高校卒業後、神戸市内の私立大学で学び、大阪の2部上場企業の内定を得ていたが、父親に「帰ってきてくれ

んか」と言われて後継者になった。一方、長男は現在、東京でデザイナーとして活躍している。
「兄貴は自分のやりたいことをするタイプで、後を継ぐことはないだろうなというのはわかっていたので、『しゃあないな』と思って帰ってきたんです。なんで帰ってきてしまったんだろうと思った時期もありましたよ。だんだんと仕事が面白く感じられるようになってきたのは、働き始めて５、６年たってからだったかもしれませんね」

　由利が戻ってきた頃の会社は、豊岡の他のかばんメーカー同様、国内外のブランドのＯＥＭに特化していた。１９９１年には、香港に合弁会社を設立し、中国の工場で生産をスタート、その後、台湾や韓国の企業と技術提携して、中国生産を拡大させた。

　その背景には、豊岡のかばん産業が陥っていた苦境があった。各社ともＯＥＭではブランド側から低単価を求められる一方、地元では採用難に直面していたのだ。

「うちは中国での生産がうまくいって、国内では不可能な低単価を実現していたから、なんとか生き永らえましたけど、それができない会社はどんどん小さくなって人も辞めていった」と由利は振り返る。

　各社が苦境を脱したのは、国内生産を貫く日本のトップブランドが産地としての豊岡に着目したことがきっかけだった。市内のメーカーは競い合うようにＯＥＭに名乗りを上げた。株式会社由利もこのブランドとの取引を始め、海外生産から国内生産へと再び舵《かじ》を切った。

その後は２００３年に、京都府大宮町（現京丹後市）に自社工場を新設し、２００６年には、自社ブランド「アートフィアー」を立ち上げた。現在はＯＥＭ商品と自社ブランド商品を８対２の割合で製造しており、これを「６対４に近づけていくこと」を目標として掲げている。

図表４－３は、株式会社由利のものづくりの工程を示したものだ。①製造、②品質管理、③販売・顧客管理、④修理、⑤プランニング、⑥開発、⑦生産管理という７工程を俯瞰的にとらえ、各工程の情報をフィードバックし合う管理システムを、同社は「フィードバックサイクル・マネジメント」と呼んでおり、製品設計や品質向上、材料の有効活用に生かしている。

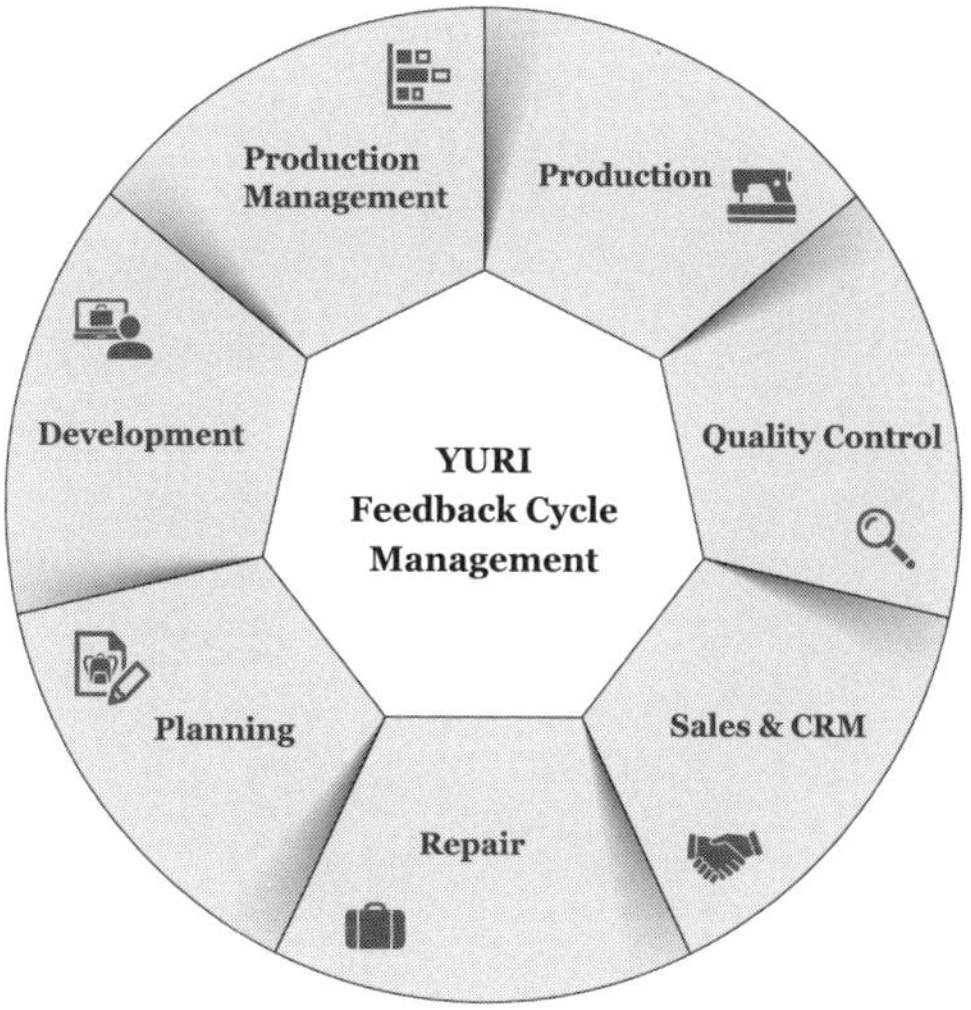

出所：株式会社 由利ウェブサイト

図表4-3　由利が実践する「フィードバックサイクル・マネジメント」

中でも特に重視している工程は、修理だ。かばんのＯＥＭでは、開発した製品に不良がないかどうかをテストしてから量産するのではなく、量産してから初期不良に気づくケースが多いため、ＯＥＭメーカーに修理の仕事がたくさん回ってくる。

「修理は絶対にやり切らなくてはならないんですよ。自分たちがつくったものはもちろん、他社が海外の工場でつくったものも、持ち込まれれば直します」と由利は話す。

そうした修理の工程で得た知見を社内に蓄積して、将来の開発や製造に生かすというのがフィードバックサイクル・マネジメントの1つだ。

「このサイクルがしっかり回っていれば、うちらは、修理の経験を踏まえてものをつくっているとお客さんにはっきり言えますし、価格交渉力も上がります」。そう言って由利は自信をのぞかせる。

女性は戦力だと思っていたが

技術力の向上を事業の拡大につなげてきた株式会社由利だったが、２０１０年代半ば頃は課題も抱えていた。それは労働環境の悪化だ。

「商売を広げていく中、『ちょっとあかんぞ』っていうのは気づいていたんですわ。縫製の現場ではそんなに残業をさせていませんでしたが、企画や営業の部門では夜の9時、10時まで残業するのが当たり前みたいになっていて、疲弊する従業員や辞めていく従業員も出てきた。以前は見られなかった現象だったし、このままでは新卒も採りづらくなると思った」。そう社長の由利は話す。

労働環境の改善を図るため株式会社由利では2017年に、働き方改革を推進する社内委員会を設置し、まずは残業削減に取り組んだ。具体的には、会社は午前7時40分に解錠し、午後8時には施錠するというルールを決め、従業員が残業する場合は、上司の許可を得たうえで、午前6時から8時までの「朝残」をするように改めた。併せて有給休暇の取得も促進し、100％消化を目指すことになった。

翌2018年からは豊岡市ワークイノベーション推進会議にも参加した。だが、由利自身は「ジェンダーギャップ」という言葉の意味すらわからなかったという。

もともと豊岡のかばん産業は女性が支えてきた面がある。かつてはメーカー各社が冬の農閑期に農家に縫製の内職を頼み、女性たちが縫ったかばんのパーツを回収して工場で完成品に仕上げていた。由利が豊岡に帰ってきて後継者になった頃も「会社はそういう外注さんを40軒ぐらい抱えていた」という。

その後、かばんの形状や構造が複雑化するのにともなって、豊岡のかばんメーカーは工場内ですべての縫製を行う体制に移行していったが、雇用する縫製者の多くは女性であり続けた。

株式会社由利でも全従業員（約１８０人）の70％を女性が占めており、その多くは縫製者だ。

創業者である由利の父は「女性は出産や育児でいったん離職しても、身につけた技術を持って帰ってきて、必ず戦力になってくれる。だから大事にしろ」と言い続けていたという。

「ただ、申し訳ないけれども、女性に活躍してもらうという考えまでには至っていなかった」と由利は正直に打ち明ける。

「ワークイノベーション推進会議に出るようになってから、うちは女性が多い会社なんだなと、はたと気づいたんですが、その頃は縫製の女性はパートさんが多かったんですよね。総合職の女性は少なくて、役職者も男性ばかりの組織になっていた。男性は出張に行かせるけど、女性は行かせないといった習慣も残っていたし、従業員を男性か女性かではなく、能力で見るという感覚がなかった」

一度逃したあんしんカンパニー

２０２０年度の第1回「あんしんカンパニー」の表彰に、株式会社由利は応募している。

だが、結果は不合格だった。

自社の働き方改革にある程度の手応えを感じていた社長の由利にとって、とりわけショックだったのは、従業員意識調査の結果だ。

「それはもう心が折れそうになりますよ。待遇のことや評価のこと、部署内の人間関係のことまで、いろいろな会社批判が出てくる。無記名だから容赦ないです。本当にへこみました」

しかし、「従業員の間に不満があるのなら、1つひとつ向き合っていくしかない」と考え直し、市内の社会保険労務士に相談に乗ってもらいながら、改革をさらに推し進めていった。

組織内の役割や職務分掌を明確化した人事評価制度の構築、従業員の目標達成を目指した評価面談の実施と、面談の実効性を高めるための研修の開催、年齢制限や短縮時間を定めない短時間勤務制度や、市がマッチングを進めている「プチ勤務」の導入といった施策を講じ、上司層に占める女性の割合も54・3％に増やした。

「管理者になってほしい」と水を向けると、「残業が増えるのでは？」「責任が重くなるのでは？」といった理由で躊躇する女性もいたというが、「職務の範囲を明確にして、本人の人事評価のデータを示しながら説得したら、引き受けてもらえた」と由利は語る。

「まだ部長クラスの女性従業員がいないんで、女性が本当に活躍できている会社になったとは言えないんですが、道は見えてきている。今後は、経営により近いポストにも女性を配置していきたいと思っています」

改革を進めながら、由利は「コロナが収まった後のこと」も考えていた。

「コロナの影響で旅行や出社が減って、かばんの需要はものすごく落ちましたから、コロナが収まった後は、この業界から人が出ていくと思ったんですよね。だとしたら、その前に、女性が働きやすくて、活躍できる会社にしておかないといけない、そのためにも、とにかくあんしんカンパニーは絶対に取っておこうと思っていたんです」

翌２０２１年度、再びあんしんカンパニーにチャレンジした株式会社由利は、無事に表彰を果たした。社長の由利もほっと胸をなでおろすとともに、自らの意識が変化していることに気づいたという。

「経営者は利益を残したいと思うものじゃないですか。それが今は、利益よりも従業員をちゃんと見ないといけないというふうに意識が変わりましたよ。従業員に満足してもらえていれば、会社としてスキルアップや能力アップを求めることができる。利益が多少減っても人を確保できている会社が最後は勝つ。これははっきり間違いないと思いますね」

あんしんカンパニーの制度としての知名度が上がってきた豊岡では、表彰を受けたという実績自体が採用活動の〝武器〟となる。そのことを今、由利は実感している。

KPI達成か、会議体としての実態か

豊岡市ジェンダーギャップ対策室で企業や事業所を担当してきた手塚淳志は、先述の通り、2020年4月、若森洋崇の後任として異動してきた。出身は旧出石町で、県外の私立大学を卒業し、神戸市に本店を置く地方銀行で9年間働いた後に市職員に中途採用された。「地元で働きたいと思って、もやもやしていた」というのが転職の理由だったという。市に採用されてからは環境経済課で4年間働き、その後、前身のワークイノベーション推進室に異動、2023年3月までジェンダーギャップ対策室の主任を務めた。

豊岡市ジェンダーギャップ解消戦略では、ワークイノベーション推進会議の会員数を2025年までに100に増やすというKPIが設定されている。

この重大ミッションを達成するため、手塚は、毎年度、初めの約半年間は市内の企業や事業所向けに各種のセミナーを企画、運営してきた。2022年8月には、初めて男性従業員を対象とするセミナーも開催した。「男性のためのキャリアプランニング講座」と題したこのセミナーでは、家事・育児などに参画する意義や、家事・育児と仕事の両立に役立つコミュニケーションスキルなどを学んでもらった。

セミナー参加者の募集にあたっては、「地道な活動が欠かせなかった」と手塚は話す。

「推進会議の会員に対してはメールを送ればいいし、参加率も高いんですけど、それだけだと参加者が固定化しがちなんですよね。だから、環境経済課にいたときの人脈を使ったり、商工会議所や市工業会の担当者にお願いして企業を紹介してもらったりして、セミナー参加を呼びかけてきました。一応、市のホームページでも告知しているんですけど、それを見てすぐに参加を決めてくれる企業や事業所は少ないんですよ」

セミナーに度々、従業員を送り込んでくれるようになった企業・事業所に対しては、頃合いを見計らって推進会議への入会を勧誘してきた。

「１回セミナーに参加してくれただけでは、なかなか入会には至らないんですが、２回、３回と参加してくださったところに対しては、メールで入会を勧誘していました。フラれても、３回ぐらいはメールを送ったりしていましたね」

この「メール作戦」は実を結び、２０２０年４月の時点で21だった推進会議の参加企業・事業所数は、２０２３年３月末時点で89に増えた。市では、ジェンダーギャップ解消戦略の策定後、建設工事の入札参加資格審査の主観点数加算項目に「ワークイノベーション推進会議への加入」を加えており、そのことも建設会社の会員増につながった。

ただ、会員数が順調に増えていったとしても「実態がともなっていなければ意味がない」と手塚は考えてきた。

「東豊精工の岡本社長からも、『実態はどうなんだ』といつも聞かれるんですが、名簿に社名が載っているだけの〝幽霊会員〟が増えるのはよくないので、そこは悩ましいところでした。でも、とりあえず会員になってくれて一度土俵に上がってくれたところに対しては、セミナーの開催や法改正のお知らせといったメールをどんどん送ることもできます。その中から、幽霊会員にならずに、ジェンダーギャップ解消に積極的に取り組む企業や事業所が1社、2社と増えていけばいいんじゃないかと思ってきました」

3年間で4社の狭き門

あんしんカンパニーの表彰も手塚が担当し、年度の後半を審査業務に費やしてきた。

第2章で述べた通り、審査は、従業員意識調査をベースにした1次審査と、企業や事業所に対して直接聞き取りを行う2次審査の2段階となっている。

このうち1次審査では、表彰に応募してきた企業や事業所の従業員意識調査を実施し、あんしんカンパニーの審査項目になっている項目（98ページ図表2-4のアミカケ部分）をチェックする。

前述の通り、これらの項目はいずれも、従業員全体の3分の2以上、かつ男性・女性従業員双方の3分の2以上が評価していなければならず、「必須項目（□マーク）」を1つでもクリアできなければ、その時点で審査は終了する。

「加点項目」については、当初はクリアすれば10点と定めていただけだったが、2回目以降は、従業員の2分の1以上、かつ男性・女性従業員双方の2分の1以上が評価していれば、半分の5点となるようにルールを緩和した。

ただし、1次の加点が計40点以上（70点満点）に届かなかった企業・事業所は、2次の加点項目で満点（80点）をとっても表彰対象（計120点以上）にならないため、その時点でアウトになる。

2次審査は、1次審査をクリアした企業や事業所を、市内の社会保険労務士、中小企業診断士、税理士に手塚が同行する形で訪問し、図表2－4のアミカケ部分以外の項目についてのヒアリングを行ってきた。

その結果、必須項目ですべて基準を満たし、加点が120点以上（150点満点）となった企業・事業所を表彰するというのが全体の流れだ。

あんしんカンパニーの制度としての厳格さは、表彰企業の少なさにはっきりと表れている。毎年10社前後がエントリーするが、これまでに表彰したのは、2020年度の株式会社ユラク、2021年度の株式会社由利と、保育所や放課後等デイサービスの経営などを手掛けるモリ・

プランズ株式会社、２０２２年度のあいおいニッセイ同和損害保険株式会社神戸支店但馬支社の計４社にとどまっている。

審査の運用方法については、女性の働き方に詳しい研究者にも相談しており、「基準が厳しすぎるのではないかという意見をいただくこともあった」と手塚は言う。

「ただ、基準を緩めすぎると、その分、運用が複雑になりますし、審査が恣意《しい》的なものになってしまいかねないんですね。実際、２次審査のヒアリングの後は、専門家の方と僕がすり合わせをするんですけど、後々、市に対して情報開示請求があったとしても応じられるようにしっかり議論してきました」

ワークイノベーション戦略の策定から4年、ジェンダーギャップ解消戦略の策定から2年、豊岡市内の企業や事業者の間では、ジェンダー平等についての理解がかなり進んだ。

しかし、「だからこそ、よりスピード感や優位性を持ってジェンダーギャップ解消を進めていってほしい」というのが、２０２３年4月から高年介護課で働き始めた手塚の願望だという。

「全国的に見ても、ジェンダーギャップ解消はある程度自然に進んでいく流れになっていると思うんです。だけど、自然に進んでいくというのは最低限の目標であって、豊岡市はその一歩先を目指していかないとダメだと思っています」

同年7月5日、コロナ対策などを理由に開催が見送られてきた豊岡市ワークイノベーション推進会議の総会が、５年ぶりに市内で開かれた。その席上では、６月末時点の会員数が１０２に達したことが報告された。

第5章

動きだす人々

Kick off

ジェンダーギャップの〝岩盤〟

豊岡市ジェンダーギャップ対策室室長補佐の原田紀代美は、1991年に旧豊岡市役所に入庁した。大学受験にも合格していたが、「4年後にまた市の採用試験に受かるかどうかはわからない」と考えて市職員の道を選んだ。公務員を志望したのは「結婚、出産しても続けられる仕事に就きたい」と思っていたからだという。

市役所では、住民サービス、税務課、商工観光課、生涯学習課などの部署で働いてきた。その間に結婚し、男女2人の子どもを育てながら働いてきたが、職場のジェンダーギャップを感じていなかったわけではない。

「係長級に昇格するのは、同期の中でも女性より男性の方が2年ぐらい早かったです。前々からそういう人事の慣習はあったんですが、女性は育休を取っている期間もあるので、まあ、そういうものなんだなと思う一方で、学んだり経験を積んだりする機会がやっぱり男性よりも少なかったんだなと思ったりもしていましたね」

総務部職員課在籍中に、岸本京子（総務部次長兼ジェンダーギャップ対策室参事）とともにキャリアデザインアクションプランの策定に携わった原田が、現在、担当しているのは、主に地域におけるジェンダーギャップの解消を支援することだ。

しかしながら、地域のジェンダーギャップは、いわば〝岩盤〟であり、一朝一夕に解消できるものではない。

それは住民組織の現状を見ても明らかだ。豊岡市内には３５９の行政区（区・自治会・町内会）があるが、そのすべてで男性が区長（自治会長・町内会長）を務めている。人口減少や少子高齢化が進む中、２０１７年４月には、地区公民館のエリアを単位とする、より広範囲の「地域コミュニティ組織」が発足したが、29あるコミュニティの会長を務めているのもすべて男性だ。

こうした現実を踏まえつつ、ジェンダーギャップについて地域住民たちと話し合う際には、「人権や男女平等といった理念を前面に押し出さないことが大切」だと原田は語る。

「自分たちの暮らしをどうするか、暮らしやすい地域をどうつくっていくかという視点に立って、男女が意見交換しやすい雰囲気をつくっていったり、地域の困り事をどうやって解決するかというお話をしたりしながら、ジェンダーギャップを自分ごととして考えてもらうようなかかわり方をしています」

日参旗が回る地区――福田区

豊岡市の市街地と農村部の境目に福田区という行政区がある。かつて野生のコウノトリの最後の生息地だった地区であり、序章でも紹介したコウノトリ育む農法の実践エリアにもなっている。地区内の水田には、コウノトリが営巣するための人工巣塔も設置されている。

この福田区には、戦後の高度成長期に入ると住宅やアパートも立ち並ぶようになった。人口は９００人超で年々減っているが、世帯数は逆に増えており、現在、約３７０世帯が暮らす。市内で最も児童数が多い五荘《ごのしょう》小学校の校区にあり、市内外から若い夫婦が多く流入する一方、単身の高齢者も増えている。

地区内には、「日参旗」と呼ばれる旗を各戸で回し、それを手に住民が毎朝交代で神社に参拝する古い習慣も残っている。

「新しく暮らし始めた人にも旗を回していますが、初めて回ってきたときは『何ですか、これ？』ってびっくりするようですね」と区長の杉山隆一は話す。

その杉山がジェンダーギャップの問題に関心を抱いたのは、市の移住定住ポータルサイト「飛んでるローカル豊岡」に市民ライターが寄稿した記事を読んだことがきっかけだった。その中では、２０１９年５月に開催された「多様でリベラルなまちを創るシンポジウム」の模様が伝えられていた。当日、パネリストとして登壇した市長の中貝宗治が、市役所内に女性の役職者が少ないことに言及し、「能力のある人に、女性だからという理由で補助的な役割しか与えなかったことは、事業所として大きな損失でした」と述べる様子もつづってあった。

執筆者は、結婚を機に城崎に移住して、子育てをしながらフォトグラファーとして活躍している井垣真紀（後出）という女性だった。

たまたまその記事に目を留めた杉山は、「地域の住民の意識の中にもジェンダーギャップがあるのではないかと改めて考え始めた」のだという。

「市がジェンダーギャップ解消に向けて取り組み始めていたことは知っていたんですが、この地区には関係ない、自分には関係ないと思ってました。そもそもジェンダーギャップという言葉の意味もよくわかっていなかったんですね。だから、まずは地区の役員みんなで知るところから始めようと思ったんです。福田に入ってくる若い世代の人たちに『いい地区だ』と感じてほしいですから」

杉山はさっそく、「市政出前講座」を福田区で開催してほしいという要望を市に伝え、役員たちとともにジェンダーギャップについて学び始めた。

接待に追われる母親を女の子はどう見るか

福田区では、運動会や盆踊り、秋のだんじり祭り、敬老会といったさまざまな年中行事（「事業」と呼ばれる）を毎年催してきた。しかし、２０２０年以降、コロナ禍によって多くは中止を余儀なくされ、これを機に行事のあり方自体を見直すことになった。２０２１年には、当時、副区長だった橋本拓己の発案で「事業見直し特別委員会」が立ち上げられた。

その際、区長の杉山は「ジェンダーのことも扱ってほしい」と要望を伝えた。

「ややこしいことを言いだしたな」と橋本は思ったという。

委員６人に区長以下５人の役員を加えた事業見直し特別委員会は、２０２２年4月から月に1回のペースで開かれた。その中で女性のメンバーから上がったのが「だんじりの接待をするのはいや」といった声だった。区内には、「隣保《りんぽ》」と呼ばれる隣組組織が13あり、だんじり祭りのときは、各隣保に接待スペースを設けて酒や料理を振る舞う。しかし、飲んだり食べたりして楽しむのは男性に限られていて、女性たちはひたすら準備に追われる。

「男性たちは接待を楽しみに祭りに参加するんですが、女性は負担ばかりを感じている。ジェンダーギャップの典型例だった」と委員長を務めた橋本は話す。

運動会や敬老会も同様だ。お互いに顔を合わせて催しを楽しむことで、災害時の助け合いや高齢者の見守りにつなげるという意義は多くの住民が共有しているものの、食事の支度や後片づけは女性に任せっきりにしてきた。

「家庭内では、奥さんたちが『もういやだ』と言っているんでしょうね。だけど、夫の方は『接待をやめようなんて言ったら、村ハジキにされる』と言って、なだめているんじゃないでしょうか。たぶん、どこの家もそうですよ」と杉山は語る。

杉山が特に心配しているのは、幼い女の子たちが母親たちの様子をどんなふうに見ているかということだという。

「自分も大人になったら、行事の接待を押しつけられるのかと感じながら育った女の子たちは、都会に出ていった後、福田に帰りたいという気持ちにはならないんじゃないかという不安があります。地区の人口減少を少しでも緩和するためには、みんながジェンダーの問題を意識し合わないとダメだと強く思うようになりましたね」

特別委員会では、「婦人部」の名称やあり方をめぐる議論も交わされた。各隣保から女性がひとりずつ選出される婦人部に、行事の接待などを「女の仕事」として割り振ってきた慣習が、性別役割分担の意識を助長しているのではないかと考えられたためだ。区の役員会は区長・副区長・会計の三役と評議員8人で構成されているが、現在その中に女性は1人もいない。過去には女性が評議員になったケースもあったが、多いときで2人だった。

ただ、「名称を変えただけでは意味がないし、婦人部をなくすと役員会と女性たちの接点がなくなってしまう」とも橋本は考えた。

「むしろ、女性の意見を聞く仕組みや、女性が区の意思決定に直接かかわれる仕組みをつくっていくことが大事だと思うんですよね。そういう仕組みが整っていないのに、単に女性に役員をやってほしいと言うだけでは、『そんなことしたくない』『よけいなことをさせるな』といやがられてしまいかねない」

特別委員会の発足後、区の住民を対象にアンケートを実施したところ、豊岡市がジェンダーギャップ解消に向けて取り組んでいることは7割の人が知っていた。だが、「福田区でも積極的に取り組むべきか」という問いに対しては、8割が「わからない」と回答した。「区の役員に女性が加わるべきか」という問いに対する答えも、「わからない」が半数以上を占めていた。

オッサンたちによるオッサンたちのための仕組み

福田区の事業見直し特別委員会は２０２３年にかけて計11回開催され、同年2月、委員長の橋本は区長の杉山に宛てて答申を提出した。

その中では、だんじりの接待は隣保ごとに隔年で行う、女性が区の事業に関心を持ち、意見を言える機会や、意見が反映される仕組みをつくることで、女性の区の事業に対する理解を深め、結果として女性が積極的に役員に名を連ねられるような区の姿を目指す、敬老会は廃止し、高齢世帯を定期的に訪問して近況などを確かめるといった見直し案が示された。

答申にはジェンダーに関する書面も添付され、その中に橋本は以下の文章を盛り込んでいる。

「区を運営するのは、ほぼ中年以上の男性、そして前例踏襲で事は進んできた。『オッサン達が、オッサン達に都合よく、やりやすい』仕組みを作ってきた。それが区の組織だ。女性の意見を聞き区の運営に取り入れる仕組みが無いのと同じように、若い人の意見を聞くこともほぼない。区の運営の仕組みにはジェンダーの問題だけでなく、様々な問題がある」（原文ママ）

答申を受けた杉山は「地区全体でジェンダー平等の雰囲気をつくっていくことを、私たちの取り組みの第一歩にしたい」と話している。

商店街の活性化を目指すアラサー女性3人組
——出石・田結庄通り

豊岡のまちは自然に囲まれているだけでなく、歴史的資産も多く有しており、どこか風格を感じさせる。市町合併の副産物とはいえ、市内にはかつての城下町も2つ存在している。1つは、旧豊岡市エリアであり、もう1つは「但馬の小京都」と呼ばれる旧出石町エリアだ。レトロな街並みが残されている出石市街地（南北約６００メートル、東西約６２０メートル、面積約23・1ヘクタール）は、国の伝統的建造物群保存地区に選定されており、名物「皿そば」の店舗が多く立ち並ぶ。

この出石で、地元商店街の活性化を目指して活動を始めた女性たちがいる。雑貨店店主の古橋緋香里（ヒカリ）、着物店を経営する齊藤愛織（アオリ）、老舗和菓子店で働く石田安佳梨（アカリ）の3人組で、２０２０年1月、グループ「イロドリ」を結成した。いずれも30代前半のいわゆる「アラサー」世代に当たり、情報発信の際はそれぞれのファーストネームを用いている。

ヒカリは県内の私立大学を卒業後、Uターンして高校の英語教師を務め、結婚していったん家庭に入ったが、実家の「つるや洋品店」がある商店街に「新しい風を吹かせたい」と考えて、２０１６年に雑貨店「haru no hikari」を開業した。

アオリは豊岡市街にある呉服店の3代目で、「敷居の高い呉服屋のイメージを変えたい」「風情のある出石の町を着物姿の人でいっぱいにしたい」と思い立ち、２０１８年、同じ商店街に新店舗「小さなきもの屋ふらり」を開店した。

アカリは、大正期以来、商店街に店を構えている和菓子店「湖月堂」の長女だ。大阪で働いた後、実家に戻ってきて、店の宣伝やマーケティングを担当している。

3人の活動の舞台となっている商店街「田結庄《たいのしょう》通り」は長年、地元住民の日々の暮らしを支えてきた。しかし、ここのところは高齢化が進んで廃業する店が増えており、車で20分圏内の豊岡市街に大型量販店の集積地ができたこともあって、客足も減っている。

また、田結庄通りは、格子戸のある日本家屋や蔵などが残された味わい深い商店街ではあるものの、出石城址や辰鼓楼《しんころう》（明治初期に建てられた時計台）といった観光名所が位置する中心部の通りから西に200メートルほど離れており、足を延ばす観光客もあまりいない。大型駐車場や土産物店も中心部付近にあるため、もともと出石には観光客たちが保存地区全体を回遊する仕掛けが整っていないのだ。地元住民の間からは、「出石の観光客の滞在時間は1時間以内」とか「城崎温泉の宿泊客がそばを食べに立ち寄るだけ」といった嘆き節も聞こえてくる。

そんな出石のまちで、寂れつつあった田結庄通りを元気づけようとharu no hikariを始めたヒカリのもとを、商店街に人が流れていないことに不安を感じていたアオリが訪れ、アカリと3人で話し合って立ち上げたのがイロドリだった。グループ名には「町・商店・人にイロドリ（彩）を。」という思いを込めた。

毎月15日のイロドリマーケット

ところが、グループ結成の直後、日本国内はコロナ一色となってしまう。出石エリアでも人出が完全に止まり、「商店街はゴーストタウンのようでした」とヒカリは語る。

そこでアオリが思いついたのが、和装で来店してくれたお客様に特典をプレゼントする「きものＤａｙ」を毎月開催することだった。このアイデアにヒカリもアカリも賛成し、haru no hikariの割引券や湖月堂のそば茶などを特典として提供することになった。

これが現在も続く「イロドリマーケット」の始まりで、２０２０年秋以降、商店街から協賛店を募って毎月15日に開催している。現在、協賛店は、田結庄通りと交差する八木通りにも拡大し、十数店に増えた。各店舗には共通の看板を掲げてもらい、ヒカリが作成した手描きの商店街マップをインスタグラムに投稿して情報発信している。当日に独自の企画を開催する協賛店もある。

田結庄通り以外の場所で営業している飲食店やカフェ、ベーカリーなどが、空き店舗や空きスペースを利用して「特別出店」しているのもイロドリマーケットの特徴だ。ＳＮＳ（ソーシャル・ネットワーキング・サービス）を見た出石内外の店の方から「出店したい」という要望が寄せられることが多く、毎回、10店ほどが入れ替わりで参加する。

「空き家対策は豊岡市全体の課題になっていますが、特別出店をきっかけに、この商店街でも店をやってみたいと思ってもらえたら」とヒカリは期待を膨らませる。

最近は、地元の常連客だけでなく、豊岡エリアや但東エリア、さらには神戸などの遠方からもうわさを聞いてマーケットにやってくる来訪者も見られ、特別出店の店の前に行列ができることもあるという。

ただ、イロドリマーケットが目指しているのは、「まずは出石の人たちに楽しんでもらうこと」であり、観光客の流入自体を目的としているわけではない。

「地域に住んでいる人たちが楽しめる商店街じゃないと、外からも人は入ってこないと思うので、そういうイベントになるように心掛けてますね」とアオリは語る。

イベントが軌道に乗った今、ヒカリにとってうれしいのは、「若いお母さんの来訪が増えていること」だという。

「私たちの暮らしを発信することで、それに共感してくれる同世代の女性たちが集まってきている。そんな実感が少しずつ沸いてきています」

あえてジェンダーギャップを乗り越えない

豊岡市がジェンダーギャップの解消に取り組んでいることを、イロドリの3人はもちろん知っている。しかし、商店街での活動を開始するにあたって、「ジェンダーギャップ」を感じたことはまったくなかったという。

「うちは祖母の代から続く洋品店ですし、もともと女性向けの商品を扱っているので、女が前に出て、男が陰で支えるという家族の形ができているんです」とヒカリは言う。

「周りのお店の方もお商売をされているので、外から人が入ってくることに抵抗がないみたいですね。男性の店主の方も『俺らにはできないことだから、どんどんやって』と背中を押してくれています」

出石出身ではないアオリは当初、「新参者が勝手なことをやっている」と言われるのではないかと恐れていたというが、そういうこともなかったという。

「イロドリマーケットの協賛店が増えていったのは、田結庄の方々がすてきな人柄だからだと思います。コロナのクラスターが発生していた時期も、『商店街はみんなで生きているんだから、各自でしっかり感染対策をしながら開催することに意味があるんじゃない?』と声をかけてくださった方がいて、すごく救われました」

イロドリの活動が受け入れられているのは、商店街を築き上げてきた人たちにとって、彼女たちが「孫世代」に当たるからなのかもしれない。

「もし母の世代が同じことをやろうとしたら、その上の世代から反対されたかもしれないけど、私たち孫の世代が商店街を盛り上げようとしていると、おじいちゃん世代の方々も楽しそうに見守ってくれる」。そうヒカリは話す。

家事や育児もこなしているヒカリとアオリは、現役市長時代の中貝に呼ばれて、「子育てをしながら働く女性」をテーマに地元ラジオ番組で座談会をしたことがある。しかし、ジェンダーギャップを意識したことがない2人にとって、中貝とのやりとりはあまり心に響くものではなかったらしい。

むしろ、座談会で「女性の起業を増やしたい」と語った中貝に対して、アオリは「無責任さ」と感じたという。

「ふらりをオープンしたとき私は妊娠7、8カ月で、産後1カ月半ぐらいで仕事に復帰したんですね。まだお客さんも定着していない中、自分自身も体はボロボロという状態で。そのとき心底感じたのは、妊娠・出産で体が変化する女性が起業して、男性と同じようにスキルを高めながら事業を継続していくのはすごく難しいっていうことなんです。自営業だと、育休手当も出ませんし。そういうことをご存じで市長は言っておられるんだろうかって思いました」

ジェンダー平等は、性別によって権利や機会が制限されないフェアな社会を目指すという近代社会の普遍的なテーマである一方、地域や世代、家庭環境や個人の価値観によってとらえ方や向き合い方は異なる。イロドリの場合は、アオリが「あえてジェンダーギャップの壁を頑張って乗り越えようとしないという発想で、好きなメンバーが集まって、やりたいことをやっている」と話す通り、活動スタイルは自然体だ。

ジェンダーギャップの申し子?――城崎

「コミュニティ城崎」は、豊岡市内に29ある地域コミュニティの１つで、エリア内には約１５００世帯、約３１００人が暮らす（２０２２年４月時点）。

現在、コミュニティの会長を務めている宮下隆司は、１９４７年生まれの団塊世代だ。畳職人の家に生まれ、幼い頃から「男は男らしく、女は女らしく」と言われて育ったといい、自らを「ジェンダーギャップの申し子」と名乗る。高校卒業後、航空自衛隊に３年間在籍し、城崎に戻ってきてから約40年間、東豊精工で働いた。同社では深圳工場勤務を経験した後、取締役営業部長も務めた。

「私なんかはね、男尊女卑の世の中、男社会でずっと育ってきた世代なんですよ。ですから、ジェンダーギャップの解消と言われても、うーん、果たしてどういうことなのかなと思いましたね。いきなり１００％は賛同できなかったです」

　東豊精工時代、女性従業員の仕事ぶりを見てきた宮下は、「納期管理やお客様対応といった業務では男性よりも女性の方がはるかに優れている」と気づいていたという。

「だから女の人が外に出て働くことには何の抵抗もないんですが、自分自身の心の奥底、意識の根底には昔からの古い考え方があるんです。これを変えるのはなかなか難しい」

　そうは言いつつ、宮下は２０２２年4月から豊岡市ジェンダーギャップ解消戦略会議の委員を務めており、この問題に先頭に立って取り組む立場でもある。

「コミュニティの職員たちからは『男尊女卑の会長は悪者代表ですから、戦略会議で追及されますよ』と言われているんですがね。よし、それなら悪者らしく振る舞ってやろうと思ってますよ」と、当人は周囲をけむに巻く。

　コミュニティ城崎は、スポーツと文化のつながり部、学びのつながり部、安心のつながり部、まちのつながり部、コミュニティビジネス部の5部で構成されており、事業の企画・運営を担う地域マネージャーと3人の地域支援員は女性たちだ（地域マネージャーは市の会計年度職員、支援員は地域雇用）。宮下は対外的な会議に出席したりクレーム処理に当たったりするだけで、あとはすべて女性職員たちに任せている。

「会長や副会長には私たちのやり方を認めてもらい、お互いに本音でものが言える風通しのいい職場になっています」と地域マネージャーの岸本みち江は話す。

２０２０年から複数の部が合同で立ち上げた「縁が和プロジェクト」も、岸本ら事務局スタッフが自ら企画して運営する事業の1つだ。このプロジェクトは、町内の公園で集めた落ち葉を使って中学生たちが腐葉土をつくるところから始まる。その腐葉土を使ってボランティア団体が育てた花のプランターを町内のあちこちに置いたり、腐葉土を使ったサクラソウのフラワーポットを中学生が単身の高齢者らに配ったり、毎週土曜日の「湯ったり朝市」で販売している野菜の生産者に腐葉土を使ってもらったりしている。朝市で売る商品には「縁が和野菜」というブランドシールも貼っている。

「宮下会長からは『人数が少ないんだから、無理するな』と言われることもありますが、みんなで決めたことについては、支えてもらっています」と岸本は言う。

事務所でコーヒーを入れるのも宮下の役割となっており、「コミュニティ城崎にジェンダーギャップは存在しない」というのが役員・スタッフの共通認識になっている。

おかみが表に出てこない温泉地

では、地域や家庭内のジェンダーギャップはどうなのだろうか。

現在、地元町内会の会長も兼務している宮下は、選任時に会計担当を女性に任せた。だが、それは「ジェンダーギャップを解消するためではなかった」という。

「何のことはない、人手不足でしょ。年齢や経験を考えてもね、その女性以外にできる人がいないんですよ。女の人の力を借りないと町内会はもうやっていけないんです。だから、ジェンダーギャップがどうこうなんて言わなくても、いずれ女性が表に出てくると思います」

これに対し、地域マネージャーの岸本はやや違った見方をしている。「女性の町内会長が出てこなければ、城崎は変わらない」と考えつつも、その実現性を疑問視しているのだ。

「今でも町内会長が務まる女性の方はいると思うので、ぜひやってほしいんですが、女性が会長になったら、周りの女性から『ほかにできる男性がいるのに』とか『あの人は出しゃばりすぎ』といった批判を浴びる心配がありますね。そういう風土が城崎にはあるように感じるんです」

日本全国の温泉街や観光地では、旅館やホテルのおかみが経営面で重要な役割を担っており、

「おかみの会」「女将会」といった女性経営者の団体も各地に見られる。だが、城崎温泉では事情が異なっており、宿の看板になっているのは、おかみではなく、若旦那衆だ。「二世会」と呼ばれる若手経営者の会が盛んに活動している一方、「おかみの会というのは聞いたことがない」と宮下も岸本も口をそろえる。旅館を陰で支えているはずのおかみが表に一切出てこない「旦那社会」、それが城崎温泉の実態にほかならない。

そんな土地柄を考えるうえで鍵となる行事がある。それは、四所《しし》神社の秋の例大祭であるだんじり祭りだ。地元では「秋祭り」「祭り」と呼ばれ、２００年以上前から毎年10月14日と15日に執り行われてきた。「城崎の住民の1年はこの日のためにある」とも言われており、両日が平日の場合は、城崎の小・中学校は休校となる。

この祭りに参加できるのは男性だけに限られていて、世代別に「連中《れんちゅう》」と呼ばれる組織に入り、「上部《かみぶ》」「中部《なかぶ》」「下部《しもぶ》」という3つの地域に分かれた各部に所属する。各部の連中には年功序列の階級があり、祭りの中でそれぞれ役割を担う。また、祭りの間、各部にはまち中のいたるところに「連中宿」という看板が掲げられたスペースが設けられ、男性たちはそこで休息を取りながら酒や料理を楽しむ。近年は簡素化が進み、女性が食事の支度や後片づけに追われることはあまりなくなったというが、男性が主役という祭りのあり方や連中という濃密な組織が、城崎の男性中心の土台を形成していると指摘する向きは少なくない。

「女性は祭りが盛り上がるのを支える。男性が連中宿に戻ってきたら、お腹をいっぱいにしてあげてまた送り出す。そこに城崎の女性たちは誇りを持ってきましたし、私もそんなふうに育ってきましたが、違和感をおぼえるというか、『はてな？』という思いはあるんです」と岸本は語る。

男性が主役という原則は、日本各地に残っている伝統的な祭りに共通する慣習であり、べつに城崎が特殊なわけではない。長年、祭りを支えてきた功労者である宮下も「基本、祭りは女人禁制ですから」と伝統の大切さを主張する。

しかし、そういう考え方は子どもたちの世代に受け入れられるだろうか。岸本は言う。

「女人禁制と言われると、たぶん城崎の女の子たちは、どうして自分たちは神聖なだんじりに触ってはいけないんだろうと感じて、自分たちが汚らわしいもののように扱われているような気がするんじゃないのかなって思います。私が感じているのもそういう『なんで？』なんですよね」

お邪魔はいいけど、邪魔しないでね

２０２１年の５月、豊岡市は、地域コミュニティの会長、副会長、事務局スタッフら約80

人を集めて「地域づくりリーダー研修会」を開催した。

会に参加した宮下は、市の地域啓発アドバイザーを務める萩原なつ子（立教大学教授〔当時〕）にこう尋ねたという。

「先生、私のようなジェンダーギャップの申し子の意識改革はどうしたらいいんですか」

萩原から返ってきた答えは「お邪魔はいいけど、邪魔しないでね」だった。

この言葉の意味がよくわからなかった宮下は、同じ年の8月、コミュニティ城崎で「男女格差をぶっとばせ！」と題した研修会を開き、他の役員や事務局スタッフら26人とともに萩原の話に再び耳を傾けた。

萩原の言う「お邪魔はいいけど、邪魔しないでね」とは、次の世代のために見守ってほしいけれども、自分たちの世代はこうだったというような意見を押しつけないでほしいという意味だ。

「自分の意識を変えるのは無理でも、孫に向かって『男のくせに』とか『女のくせに』とか言ったりして妨害しないでくれ、ということですよね。城崎は封建的な町なので変わるのに時間がかかりますけど、息子たちの代になったら変わると思う。私もそれを邪魔するつもりはないです」と宮下は話す。

岸本もまた、萩原の話を聞いて「自分の中にあった無意識の偏見に気づかされた」と打ち明ける。

「息子に『男の子がピンクの物を持っていると馬鹿にされるよ』と言ったり、娘に『もっと髪を伸ばして女の子らしくしたら？』と言ったりしたことがあって、これも無意識の偏見なんですよね。今まで自分は女性だから、偏見を押しつけられる側だと思っていたんですよ。だけど、押しつける側でもあったんだなぁと、ハッとさせられました」

現在は、地域マネージャーの仕事にやりがいを感じている岸本だが、働いている中で「コミュニティ城崎の会長を目指したい」という思いも芽生えてきた。

「怖いですよ。すぐに会長が務まるとも思えないですけど、周りを変えるためには自分が変わるという意気込みを見せないといけない。娘や息子に何にでもチャレンジしなさいと言っているのに、親である私がチャレンジしなかったら示しがつかない」

決意表明を聞いた宮下は「わしが１００％バックアップする」とその場で応じた。

「何事も最初に一石を投じるということが大事でね、ぜひとも最初にやってほしい。ぜひとも」

城崎・湯島財産区初の女性議員

城崎には岸本にとってのロールモデルとなりうる女性がすでにいる。それは、前述した福田区の杉山隆一が読んで感銘を受けたという「飛んでるローカル豊岡」の記事を書いた人物、井垣真紀だ。

２０２３年2月14日、城崎温泉の外湯などを管理する「城崎町湯島財産区」の議会選挙（定数11）が告示され、現職10、新人1人が立候補届けを出して、全員が無投票で当選を決めた。その中の新人候補が井垣だった。

「財産区」とは、地方自治法に規定されている特別地方公共団体で、地域の資源や施設を管理するために置かれる。城崎町湯島財産区は１８９５（明治28）年、泉源や外湯など管理するために設けられ、豊岡市城崎町湯島の4・53平方キロメートル内に居住する１４８６人（８０１世帯）で構成されている（２０２３年3月時点）。

同財産区議会が発足したのは１８９６年で、過去１２０年以上にわたって女性議員は１人もいなかった。その中に飛び込んだのが井垣であり、当選後の3月に開かれた定例会では、財産区の管理者である市長の関貫久仁郎に対して次のような質問をした。

「城崎温泉は、町の人みんなの努力で世界中から愛される景観を保っています。しかし現在、温泉街にとっては主たる施設である温泉施設には、紅白のカラーコーンやバーといった城崎温泉の景観にそぐわない備品が置かれています。たくさんの張り紙も貼られています。コロナ禍の措置であったとは思いますが、おもてなしの心で、見た目も気持ちも美しい施設を保っていただきたい」（城崎町湯島財産区議会『湯の華だより　２０２３年5月』）

景観について市長に問いただしたのは、「カメラマンの目線でまちを見てきたから」だと井垣は語る。

「外湯の利用者に整列してもらうために、工事現場で使うようなカラーコーンを設置したりしてきたんですけど、見慣れてくると、だんだん気にならなくなってくるんですね。ただ、私は仕事で写真を撮るので、景観を乱す物はやはり気になって、もうちょっとおもてなしの気持ちを大切にしてほしいと思ったんです」

始まりは2年ほど前だった。まちを歩いていた井垣は、親しくしている年配女性に「お願いがある」と呼び止められた。

「財産区の議員選挙が2年後にあるから出てほしい」

知人女性は、財産区議会の女性議員が1人もいないことを説明し、「あんたならできそうやから、よく考えてみて」と言った。

しかし、そのときの井垣はひたすら困惑するばかりで、選挙に出るつもりなど毛頭なかった。

トヨオカ・ショックで市政が自分ごとになった

井垣は京都府南部の京田辺市の出身で、もともとの職業はフリーアナウンサーだ。学生時代にアナウンススクールで学び、タレント事務所に所属して関西地区のテレビやラジオに出演していた。「しゃべる仕事なら、結婚、出産してからも続けられる」と考え、大学卒業後も就職せずにアナウンサーを続けた。

城崎との縁は深く、20代の頃に観光イベントのステージに立って以来、10年以上にわたって旅館経営者らと親交を結んできた。２００６年には町内の写真館「イガキフォトスタジオ」の2代目と結婚し、移住を決めた。写真を撮り始めたのはそれからで、先代の義父から手ほどきを受けた。

財産区議会議員に立候補するまでの間、政治との接点がまったくなかったわけではない。あるとき、働きながら三姉妹の子育てをする日々の暮らしをつづった短文をＳＮＳに投稿したところ、思わぬ反響があった。

「週末は仕事が忙しいけれど、夕方に車を10分走らせると、竹野浜のきれいな海で子どもたちと遊べて、夜は城崎の外湯に入り、帰りに国際アートセンターに寄ったら、アーティスト・イン・レジデンスで滞在中の国際的なアーティストの演技がタダで見られた……。そんなことを書いたら、市長の中貝さんの目に留まったらしく、職員の方が来られて『この文章を使わせてほしい』って言われたんですね」

その後、２０１６年から翌２０１７年にかけて、井垣は豊岡市基本構想の審議会委員を務めた。さらに、選挙ポスターの撮影を依頼されたのがきっかけで中貝の選挙活動を手伝うようになり、選挙カーのウグイス嬢やＳＮＳによる情報発信を担当してきた。

それだけに２０２１年春のトヨオカ・ショックでは、まちの将来に不安を感じ、１日寝込むほど落ち込んだ。

だが、「中貝さんが落選したことによって、豊岡の市政が自分ごとになった」と井垣は語る。

「それまでは、中貝さんに任せておけばいい、自分たちはついていくんだ、協力するんだと思っていたところがあったんです。でも、頼れるリーダーがいなくなってしまったことで、このままじゃあかん。自分も何かしないといけない。自分には何ができるんだろうかって本気で考え始めたんですね」

そんなときにもたらされたのが、市ジェンダーギャップ対策室が「豊岡みらいチャレンジ塾２０２２」を開催するという知らせだった。講師陣の中では特にＩＴエバンジェリストの若宮正子の名に惹《ひ》かれた。１９３５年生まれ、58歳からパソコンを独学で習得し、２０１７年にゲームアプリを公開したことで一躍有名になった女性だ。

「年を重ねてからでも新しいことに挑戦している女性って、すごくあこがれるし、どうしたらそういう人になれるのかを知りたかった」と井垣は言う。

みらいチャレンジ塾に通ううちに、井垣は財産区議会議員選挙への立候補についても真剣に考え始めた。最も心配していたのは家族の反応だったが、夫も３人の娘も、夫の両親も賛成してくれた。

三姉妹の中でも一番の「中貝ファン」だった次女からは「私も中学校の生徒会長に立候補してみるから、お母さんも頑張って」と励まされた。これには井垣の方が「大丈夫？」と心配したが、「私は負けるとは1ミリも考えていない」と豪語した次女は見事に当選を果たした。

ひとりの一歩がまちの一歩に

２０２３年の城崎町湯島財産区議会選挙は、事前の立候補説明会に定数以上の人数が参加していたため、１９９９年以来、「24年ぶりの投票になるかもしれない」とうわさされていた。井垣自身、「選挙ありきで立候補した」と言う。自らポスターを作成し、事前に地元町内会長に声をかけておいて、告示日には20人ほどの支援者に集まってもらった。立候補届け出後は、たすきをかけて町内を歩き、住民に支持を呼びかけた。

結果は無投票での全員当選となったものの、女性議員誕生の知らせは町内にインパクトをもたらした。当選後、井垣は町を歩いていて、ふだんはあいさつを交わす程度の高齢男性から「ようやってくれたな。女の人が出たらいいと思っとったんや。ありがとう」と声をかけられ、心底驚いたという。

「立候補する前に一番怖かったのが年配の男性たちでした。『よそから来た女が出しゃばるな』と言われるんじゃないかと思っていたんですけど、何人かの年配男性がお礼を言って頭を下げてくれはって、ちょっと泣きそうになりました」

現在も、井垣のもとには、男女を問わず多くの住民が「ちょっと話を聞いて」と意見を言いに来たり相談を持ちかけてきたりしている。

「ほかにも議員さんがいるのに、私に言ってくれるということは、何かしらの役に立っているんだなという実感があります。そういう立場になったからには、城崎の温泉がいろいろな人にとって使いやすい施設になっていくように活動していきたいですし、温泉を中心にした暮らしやすいまちをつくっていきたいですね」

一歩を踏み出した今、井垣は、城崎の男性中心社会を温存してきたのは女性の側ではなかったのかとも考え始めている。女性が家事や育児をしながら地域活動に携わるのは、時間的な制約もあって容易ではないが、だから女性が地域の役職に就けなかったというよりは、男性にそういう役を押しつけてきた面があるからだという。

だとしたら、井垣にとっての一歩は、城崎に暮らす、すべての女性にとっての一歩でもあるだろう。井垣に対して「勇気をもらった」とか「私も何かやらなくてはと思った」などと胸の内を明かす女性たちは少しずつ現れ始めており、井垣自身、自分が生み出したインパクトの大きさを誰よりも感じている。

城崎は、水面下で変わり始めているのかもしれない。

第6章

地域の魅力を生かす

Resources

〝コンテンツ〟が豊富なまち

豊岡市は２０１６年４月から、移住希望者の問い合わせに対応する「移住相談ワンストップ窓口」を開設している。同年９月には、移住ポータルサイト「飛んでるローカル豊岡」を立ち上げ、ＵＩターン者が市民ライターとしてまちの魅力を発信し始めた。

相談窓口経由の移住者（とその家族）は、２０１９年は56人（35組）だったが、コロナ禍が始まった２０２０年には１２３人（74組）に増加、以後３年連続で１００人以上が移住している。２０１６～22年の累計（５６８人）を見ると、家族構成別では「夫婦＋子」のパターンが２４２人と最も多い（次ページ図表６－１）。年代別では30代が31％と最多を占めている。

また、豊岡への移住者は全国的に見ても多く、株式会社カヤックが運営する移住スカウトサービス「ＳＭＯＵＴ（スマウト）」の人気移住先ランキングでは、豊岡市は２０１９年度に準グランプリ、２０２０年に第１位を獲得し、その後も２年連続で３位に入っている。

また、２０２３年版「住みたい田舎ベストランキング」（『田舎暮らしの本』宝島社）でも、豊岡市は、人口５万人以上10万人未満というカテゴリーの「若者世代・単身者世代部門」で第１位に選ばれている。

なぜ人々は豊岡に引き寄せられるのか。それはやはり、このまちが多様な地域資源に恵まれているからだろう。

市環境経済課定住促進係長の沖中《おきなか》正孝《まさたか》は、「豊岡の特徴は何ですか」と聞かれたら、「〝コンテンツ〟が多いことです」と答えているという。

「海あり山ありの自然に恵まれているので、アウトドアを楽しみたい人やＳＤＧｓの活動に取り組みたい人の移住先に向いていますし、無農薬で農業をやりたい人にはコウノトリ育む農法を勧められる。豊岡や出石や城崎に残されている古い町並みは、空き家の利活用をしてみたい人にとっては魅力的だし、杞《き》柳《りゅう》細工、麦わら細工、出石焼といった伝統工芸もある。そういういろいろなコンテンツのうちのどれかを気に入ってもらえるんじゃないかなって思っています」

家族構成別

構成	2016	2017	2018	2019	2020	2021	2022	計
単身	4人（4組）	15人（15組）	16人（16組）	20人（20組）	48人（48組）	45人（45組）	34人（34組）	182人（182組）
夫婦	4人（2組）	6人（3組）	12人（6組）	10人（5組）	17人（9組）	18人（9組）	12人（6組）	79人（40組）
夫婦＋子	11人（3組）	31人（8組）	31人（9組）	20人（7組）	53人（15組）	36人（11組）	60人（17組）	242人（70組）
その他	8人（2組）	9人（3組）	17人（7組）	6人（3組）	5人（2組）	15人（6組）	5人（1組）	65人（24組）
計	27人（11組）	61人（29組）	76人（38組）	56人（35組）【10人（7組）】	123人（74組）【28人（22組）】	114人（71組）【30人（18組）】	111人（58組）【21人（11組）】	568人（316組）

【　】は地域おこし協力隊の数値（内数）

出所：「豊岡市記者配布資料　2022年度の移住関連施策の実績」

図表6-1　家族構成別のUIターン移住者実績（個別相談窓口分）

移住者の半数以上が兵庫県内、大阪府、京都府など関西圏からやってくる一方、首都圏や他の都市部からの移住者が多いことも豊岡の特徴だ。その理由も、このまちが持っている「演劇」や「かばん」といったコンテンツにある。

すでにふれた通り、「深さをもった演劇のまちづくり」を進めてきた豊岡市では、２０１８年からアーティスト・クリエーター移住等促進戦略を推進してきた。それは、前市長の中貝宗治が「個性を競い合うアーティストが集まってくれれば、多様性を受け入れる風土が育まれ、まちの寛容性が高まる」と考えていたからだ。中貝に対して「豊岡をアーティストも住めるまちにしてほしい」と茶化し気味に提案していた平田オリザも、翌２０１９年、主宰する劇団「青年団」を豊岡に移した。

かばんというコンテンツにおいては、２０１４年に開校した「Toyooka《トヨオカ》 Kaban《カバン》 Artisan《アルチザン》 School《スクール》」が移住促進に一役買っている。第三セクター「豊岡まちづくり株式会社」が運営する同スクールには、かばん職人を目指す生徒が毎年各地から集まってきて、かばんづくりの知識や技術を1年間かけて学ぶ。スクールを卒業した1～9期生の中で市内のかばんメーカーに就職したのは計49人で、そのうち市外出身者は42人を占めている。

全国屈指の地域おこし協力隊

豊岡への移住者の出身地が全国に広がっている理由はもう1つある。それは「地域おこし協力隊」の人数が多いことだ。

地域おこし協力隊は総務省が2009年度に創設した制度で、都市部から過疎地域などに住民票を異動して生活の拠点を移した人を、自治体が地域おこし協力隊員として受け入れる。隊員の活動は、地域ブランドや地場産品の開発・販売・PR、農林水産業への従事、住民の生活支援など多岐にわたっており、委嘱期間は1～3年。活動費は、隊員1人当たり年間480万円を上限に国が交付する。

2022年度に全国で活動した隊員数は、前年度から432人増の6447人となり、受け入れ自治体も前年度から31団体多い1118団体に増えている。

豊岡市では2014年度からこの制度を導入し、これまでに89人を受け入れてきた。2023年3月現在、演劇・舞台芸術関連、伝統工芸分野、農業分野などを中心に47人が活動しており、全国的でも屈指の隊員数を誇る。活動終了後に市内に定住した人は21人で、定住率は約60%となっている。

だが、協力隊制度の運用にあたって市が留意してきたのは、いたずらに隊員の数を増やそうとすることではなく、「ミッションとのミスマッチをいかに防ぐかということだった」と定住促進係長の沖中は振り返る。

「任期を終えて定着してくれる人は、複数いた応募者の中から選ばれた人だという傾向がわかったんですよね。だから、まずは募集に力を入れて応募者を増やし、その中からミッションにマッチする人材をしっかり選考させてもらうようにしました」

その際に採用ツールとして使い始めたのが、登録ユーザーが約4万人いて、協力隊志望者の多くが見ているＳＭＯＵＴだった。２０１９年12月、各職種のミッションを明示した採用キャンペーンを同サイト上で展開したところ、計14人の募集枠に対して27人の応募があった。効果に手応えを感じた市では、以後も定着率の向上を目的とした採用活動に注力し続けており、常時３～４倍の選考倍率が維持されるように努めている。

「起業型」協力隊も募集

２０２１年春からは、市が指定したミッションを担ってもらうのではなく、豊岡の地域資源が生かせる事業アイデアを実現してもらう「起業型地域おこし協力隊」の募集も始めた。制度の導入当初から、隊員の中には起業の意思を持っている人が多かったため、そういう人たちを協力隊として受け入れて、市が起業を支援することになった。

起業型協力隊は初回の募集では3人を採用し、現在は7人が、地元産の食材を使ったスイーツづくりや、空き家を活用した宿泊施設の開設を目指して活動している。採用希望者はミッション型よりも多く、「毎回、10倍ぐらいの選考倍率になっている」と沖中は言う。

活動期間は最長2年で、その間に隊員は自身の構想を事業化する準備を進める。起業に際しては、国の支援金100万円に市の財源100万円を上乗せした上限200万円の補助金も用意されており、経費の2分の1以下という条件で受け取ることができる。

選考は、応募フォームの入力事項に基づく1次審査（書類審査）と、1次審査の合格者を対象とした2次審査（プレゼンテーション審査）の2段階で行っており、1次の合格者は、プレゼンをする前に必ず一度は豊岡に来てもらう。沖中ら市職員との面談を通じて、事業プランをブラッシュアップするためだ。

2022年には、市と地元のベンチャー企業の合同で、「TOYOOKA IDEA CAMP」という起業プロジェクトも立ち上がった。「地域を盛り上げるアイデアをビジネスプランに変えていく」というのがそのテーマで、すでに起業アイデアを思いついている人や、地域おこし協力隊に興味がある人、豊岡市についてもっと知りたい人などを募集して、2泊3日の合宿に2

回参加してもらっている。合宿中、参加者は現地のフィールドワークを通じて、豊岡が持っている地域資源や抱えている課題などについて学ぶ。

起業型協力隊の募集にあたって、ここまで手間をかける理由について、沖中は「起業を希望している人が、せっかく魅力的なプランを思いついていても、豊岡の実情に合っていないとか、実現可能性が低いといった理由でプレゼン審査に落ちてしまうのはもったいないから」だと語る。

「もったいないプランをもったいないままで終わらせないためには、豊岡のことをよく知ってもらった方がいいだろうし、そのうえで協力隊に応募してもらえば、応募者と市の双方がコミットできるプランが上がってくる。そういうプランがあった方が審査もしやすいんですよ」

地域おこし協力隊として豊岡にやってくるのはどういう人たちなのか。彼ら彼女らはこのまちのどんなところに魅力を感じ、どのような日々を過ごしているのだろうか。

日本の渚１００選・竹野浜の写真を見て直感で決めた

現在、一般社団法人「ちいきのて」の代表理事を務める青柳《あおやぎ》順子は、２０１４年に地域おこし協力隊の第1期生として豊岡にやってきた。協力隊卒業後も竹野エリアの民宿に下宿して、地域活動の支援に携わっている。

出身は東京都で、移住前は埼玉県の通信制高校で理科の教師を務めていたが、勤務していた校舎の閉鎖が決まったのを機に「自然の豊かな場所に移り住みたい」と考え始めたという。

豊岡の協力隊に応募したのは、東京都内で開催された募集フォーラムで竹野浜の写真を目にしたことがきっかけだった。

日本海に面する竹野エリアには、「日本の渚100選」にも選ばれた白い砂浜が東西1キロにわたって広がっている。エメラルドグリーンの海は、水深20メートルまで見通せるほど透明度が高く、夏場は海水浴場としてにぎわう。

「その写真を見たとき、これ、めっちゃいいと思って、直感だけで応募を決めてしまいました」と青柳は笑う。

豊岡というまちについての予備知識はまったくなく、「兵庫県内なんだから、東京から新幹線に乗れば、すぐに着くだろう」と思っていたという。移住者にとってのマストアイテムである自動車はおろか、運転免許すら持っておらず、隊員になってから市内の教習所に通い始めた。

隊員として担うことになったメインミッションは空き家の利活用で、竹野浜の自治会が地域活動の拠点として計画していた喫茶店の立ち上げを手伝った。飲み物や食べ物を提供するだけでは不十分だと考えた青柳は、地域住民が手仕事でつくった小物を有料で預かって販売するレンタルボックスの設置を提案し、採用された。

もう1つ、青柳が隊員期間中に取り組んだのが、「フェノロジーカレンダー」の作成だ。フェノロジーカレンダーとは、地域の自然と人々の営みを記録した生活季節暦のことで、まちおこしや観光のツールとしてしばしば活用される。

竹野エリアでフェノロジーカレンダーを作成する計画が持ち上がっていることを知った青柳は、自ら希望して3つの地区を回り、住民からの聞き取りや動画撮影に携わった。

「何人か集まって話してもらうグループワークの形で、1回2、3時間かけてお話をうかがいながら記録をまとめていったんですが、みなさん、昔の記憶が呼び起こされていく感じで、生き生きと話しておられたのがとても印象的でした」

このミッションを通じて、地域の伝統や文化を守る仕事に興味を抱いた青柳は、協力隊卒業後の２０１７年、竹野エリアに発足した地域コミュニティ「コミュニティたけの」の事務局職員となった。

さらに3年後の２０２０年には、地域づくりを支援する任意団体「ちいきのて」を立ち上げ、自ら代表理事の職に就いた（翌２０２１年に法人化）。その目的は、発足から間もない市内各地の地域コミュニティを外側からサポートすることだ。法人の職員３人のうち２人は移住した協力隊卒業生で、青柳と分担して29の地域コミュニティに足を運んでいる。青柳本人は、出石、但東、日高など竹野以外のエリアを担当している。

「どこのコミュニティも事務局で働いている職員さんはその地域の一員なので、住民の方々に対して、ちょっとものを言いづらいといったこともあったりするんですね。そういうときに私たちが外部から入っていってファシリテートする。たとえば、市に提出する『地域づくり計画』を策定するための話し合いの場をつくって、住民の方々の意見を引き出していくことで、計画の方向性を決めるお手伝いをさせてもらう。そういうのが私たちの役目です」

地域のジェンダーギャップ解消も重要課題だが、大切にしているのは、「ジェンダーギャップが解消したら、地域で何ができるようになるか」という視点だという。

「地域でやりたいことがあっても、男性だけでは手が足りなくなっていて、みなさん、困っているんですよね。特に小さな自治会では、男性だけで役職を担うのは難しくなっているので、1つには役職を減らしていく必要もあるでしょうし、女性にも適役があれば就いていただきたいと思っています。女性にやれるかどうかではなく、やってもらわなければ地域は回らなくなります」

すでに丸9年間、竹野で暮らしている青柳は土地の言葉を使いこなし、竹野盆踊り振興会事業部にも所属して三味線を弾いている。

だが、自身を「地元の住民」とは考えていないという。

「どこに行っても、『東京から来た人』と言われるので、やっぱり移住者と住民はぜんぜん違います。地域をつくってきたのは地元のみなさんなので、そこにわれわれは尊敬の念を持たなくてはいけないんだろうなって思うんです」

地域に対するリスペクトを忘れず、かといって地元住民になり切ろうとするのではなく、移住者としての視点を生かして地域に貢献する。それが青柳の暮らし方だ。

官僚から転身し、移住促進事業を起こす

２０１５年から3年間、地域おこし協力隊員として過ごした丹下《たんげ》芙蓉《ふよう》も、竹野の海と出会って自身の運命が変わった移住者のひとりだ。

横浜市出身で、子どもの頃から「旅するように仕事をする」というワークスタイルにあこがれていた丹下は、学生時代、国立公園の管理や保護に携わる自然保護官（レンジャー）を志し、２００９年、環境省に入省。東京、熊本勤務を経て3年目に赴任したのが、山陰海岸国立公園を管理する竹野自然保護官事務所だった。

「一番魅力を感じたのは、暮らしの中にあるいろいろな光景でしたね。漁火《いさりび》や雪景色もきれいですし、小さなおばあちゃんが魚をズバッとさばいたりする姿にもびっくりしました。そのう

ちにこのまちがどんどん好きになって、3年後に東京に呼び戻されたときは、すごく悲しい気持ちになりました」

再び1年間、官僚として霞が関で働いたが、竹野の暮らしがどうしても忘れられず、豊岡市の協力隊に応募して移住することを決めた。やりたいミッションもそのときから自身の中では固まっており、それは「自分と同じような移住者を増やすこと」だった。入隊2年目の2016年には、NPO法人「たけのかぞく」を設立し、移住促進や空き家の利活用に取り組み始めた。現在は、海藻のアカモクを加工した食品も販売し、収益につなげている。

私生活では、協力隊卒業後、空き家の改装業に携わる県外出身の男性と結婚し、2022年に第1子を出産した。

たけのかぞくの移住促進事業は、主として30代、40代の子育て世代をターゲットとしており、情報発信の仕方もその世代を意識した内容となっている。ファミリー層の方が地元の住民たちとの交流が進みやすく、定着もしやすいというのがその理由で、移住者は毎年、10人前後で推移している。その大半は京阪神地区からやってきて、移住後は、浜の近くで宿泊業や飲食店、ダイビングクラブや釣り船といった観光関連の事業を起こすパターンが多い。

生活面では、まちにスーパーが1軒、コンビニエンスストアが1軒あるため、「すごく不便というわけではないですよ」と丹下は言う。

「車で30分行けば、豊岡市街に出られるし、ネット通販で買った物も翌日に宅配便でちゃんと配達されます。といっても、そもそも移住者は便利な都会からわざわざ移ってくる人たちなので、竹野に便利さをあまり求めていないんです」

竹野には、黒瓦で屋根を葺《ふ》き、焼杉板で外壁を覆った風情のある町並みが残されており、そういう古民家の空き家に住めることも移住者を惹きつける理由となっている。畳の部屋や土間、タイル張りの浴室といったレトロな内装も好まれているという。

ただ、空き家問題は複雑で、年々その数が増えて地域の困り事になっている一方、すぐに利活用できる物件は限られている。現在、竹野浜周辺には約１５０軒の空き家があるが、その中で移住者にすぐに紹介できるのは10軒足らずしかなく、丹下にとってもそこは悩みの種だ。

「所有者さんがすでに都会で暮らしているケースもあって、その中には竹野に残している家を手放す決断ができていない方も、そもそも空き家とは認識していない方もいます。私が直接訪ねていったり、電話をかけたり、手紙を送ったりしていますが、こちらからあまり言いすぎるのもよくないですし、慎重に動かなくてはいけない。難しいところですね」

竹野で移住者が圧倒的に多いのは、海に近くて小学校がある浜辺の地区だが、内陸の地区でも空き家対策に苦慮しており、エリア内のバランスをどうとるのかという課題も抱えている。

そうした事業の現状について、丹下は「年間10人前後という実績は、移住者の数としては多いかもしれないですけれども、目に見えて増えているわけでもないし、微妙ですね」と打ち明ける。

ＮＰＯ法人を立ち上げたのは、「地域のことを地域の人たちとともに解決するため」だったが、現状では地域との関係性が対等になっていないとも感じているという。

「毎年、移住者が増えていけば、地域の人たちも空き家対策を自分ごととしてとらえてくださるのかもしれませんが、今はこちらが自治会の区長さんたちにお願いして、区長さんたちは『たけのかぞくに協力してあげている』という関係になっているんですね。区長さんたちはすごく多忙なので仕方ない面もありますけど、もうちょっと対等な関係が築ければと思っています」

このまちで暮らし、自然の中で子育てを満喫しながら、これからも事業をコツコツと継続させていくこと。それが、彼女が抱いている目下の願望だ

教育＆ローカルの夢を豊岡でかなえる

武《む》藤《とう》保貴《やすたか》は２０２１年１月、豊岡市の地域おこし協力隊に採用された。出身は大阪で京都の大学に進み、以前は東京の大手ＩＴ企業に勤めていた。

協力隊に応募したのは、「教育」と「ローカル」にかかわる仕事をしたかったからだという
「大学の専攻が社会学だったので、過疎地域のフィールドワークをしたことがあって、地方の暮らしに興味があったのと、塾講師のアルバイトをやっていたので、教育の分野にも関心があったんです。協力隊制度についても学生時代から知っていました」

就職先としてＩＴ企業を選んだのは、「スピード感があって、若手でも活躍できる会社で実力をつけたい」と考えたからだった。採用後は、人事や経営企画の部門に配属され、入社４年目、そろそろ会社員としての立ち回り方がつかめてきたと感じていた頃に、コロナ禍が起きた。

２０２０年３月、会社がリモートワークに移行すると、大阪の実家に戻った武藤は協力隊について改めて調べ始めたという。

「もともと就職する前から、３、４年で辞めようかなって思っていましたし、リモートで時間に余裕ができたので、ＳＭＯＵＴを見たりとかしながら、ローカルに移住して教育関係の分野で何かに挑戦できないかなって考えだしたんですよね」

ＳＭＯＵＴには、豊岡市が「森のようちえん」の立ち上げに協力する隊員を募集しているという情報が掲載されており、ここで「ローカル」と「教育」がかみ合った。森のようちえんとは、北欧発祥の幼児向け自然体験活動の総称で、２０００年代以降、国内各地に広がっている。武藤自身も就職後、「移住のヒントになるかもしれない」と考えて、都内で運営されて

いる森のようちえんを週末ボランティアとして手伝ったことがあった。

豊岡で森のようちえんを立ち上げたのは、「Next Green但馬」という市内の林業団体だ。協力隊の募集にエントリーした武藤は、複数の候補の中から隊員に選ばれ、この団体とともに森のようちえんの企画・運営に携わることになった。

実際の活動が始まったのは２０２１年の６月からで、市街地にほど近い加陽《かや》水辺公園を拠点に、毎週月曜日は、0～3歳児とその保護者を集めた自然体験活動を、金曜日は自然の中での預かり保育を行っている。

豊岡市街で暮らし始めた武藤は現場スタッフの一員である一方、行政との打ち合わせや事業計画の作成、地域との渉外といった事務作業も任されている。

「結局、サラリーマンみたいになりつつありますけど、そういう仕事も好きなんですよね」

スタッフとして森のようちえんの活動をしてみて気づいたのは、「大人によい影響を与えている」ことだという。

「自然の中にいると、親やスタッフがストレスを感じずに、心に余裕を持って子どもたちと向き合えるので、子どもたちものびのびと体を動かしながら、好奇心を満たすことができる。そういう場が提供できているんじゃないかと思っています」

２０２３年からは、兵庫県の移住相談窓口がＵ・Ｉターン希望者向けに、豊岡の森のようちえんを体験できるツアーを企画、募集し始めた。また、Next Green但馬では、森のようちえんに加えて、子どもの遊び場である「プレーパーク」を開設することも検討しており、「これからますます面白くなっていく」と武藤は意気込みを見せる。

協力隊として豊岡にやってくるにあたって、武藤にはもう1つかなえたいと思っていた夢があった。それは独立（インディーズ）書店を開くことだ。独立書店とは、既存の出版流通に頼らずに、オーナーが自分の趣味や好みに合わせて選んだ書籍を棚に並べて売る書店のことで、近年各地で増えつつある。

現在、その夢は実現に向かいつつあり、但東エリアでオープンに向けた準備が進んでいる。店舗として借りるのは、国の登録有形文化財となっている古民家の蔵だ。

古民家には別の協力隊員が住んでおり、たまたま訪ねていった武藤はその蔵を見てすっかり気に入ったのだという。所有者の老夫婦は長く神戸で暮らしており、無料で蔵を利用することを快諾してくれた。

「オーナーさんはすごく喜んでいて、地域や市外の人たちが集まってくるような場所にしてほしいと言ってもらっています。過疎化が進んでいる地域にあって、正直アクセスもそんなによくないんですけど、ここに本屋をつくったら、面白いことが起きるんじゃないかっていう予感がしています」

但東は、四季折々の花がまちを彩る里山地域だが、豊岡の他のエリアに比べて観光資源が乏しい。しかし、「だからこそ、あえて但東でやることに意味がある」と武藤は言葉に力を込める。

「先に移住してきたメンバーの何人かと一緒にやろうと思っているんですけど、城崎や出石は観光地としてすでに有名だし、そういう場所に僕たちが行っても目立てないと思うんですよね。地元の力が強くてやりづらいかもしれないし」

この間、武藤はひとりで株式会社を起こし、中小企業の広報・採用サイトの文案を作成する業務をリモートで請け負い始めている。協力隊卒業後は、森のようちえんにかかわりながら、その会社で得た収入で生計を立てる予定で、「独立書店は半分道楽ぐらいのつもりでやっていく」という。

過疎地域・但東につながりと魅力を生み出す

「豊岡の若い人たちはよく『遊びに行く所がないからつまらない』と言うんですけど、私にとっては逆なんですよね。里山の景色を楽しみながら暮らせるだけじゃなくて、半日あれば、海に行ってシュノーケリングして海鮮丼を食べて帰ってこられるし、夕方、仕事が終わってから、友人を誘って城崎温泉にも行ける。遊びに行く所しかないくらい面白い」

２０２１年5月から、但東エリアで地域おこし協力隊として活動する泉《いずみ》弥子《やこ》は、そう言って屈託なく笑う。

埼玉県川越市出身の彼女は、協力隊に採用される前は、化粧品会社の美容部員として3年間、エステティシャンとして4年間、働いていた。勤務先は東京・渋谷や銀座の百貨店で、本人いわく「但東とは１８０度違う世界」だ。

しかし、20代の後半に差し掛かった頃、「自分の将来を考え直した」のだという。

「もともと興味関心が幅広い方なんですが、やってみたいことのひとつがまちおこしとかまちづくりでして。というのも、父の実家が茨城の山奥にあって、小学生の頃から夏休み・冬休みは茅葺き屋根の祖父母の家で過ごしていたんですけど、周りの大人たちが『このまちは今後どうなるんだろう』とか、『いずれ人がいなくなるんじゃないか』といった話をしているのをよく聞いていたんですね。そういう子どもの頃の記憶があったので、まちおこしにかかわれる転職先を探していたんです」

豊岡市の協力隊に応募した際に決め手となったのは、「飛んでるローカル豊岡」のトップページに掲載されている文章だった（次ページ参照）。

この文章を読み、豊岡市が「小さな世界都市」を旗印に掲げていることを知った泉は、「なんと面白いまちなんだ」と感じたという。

出所：「飛んでるローカル豊岡」ウェブサイト

「田舎が田舎らしさを最大限にアピールして、そのまちに住む価値を打ち出していくというのは、ほかの自治体には見られないやり方だし、地方の将来について考えるときの答えとして、すごく正解だなって思ったんです」

協力隊に採用された泉は、運転免許を取って豊岡にやってきた。担うことになったミッションは「但東の魅力づくり」で、空き家となっている登録有形文化財「大石家住宅」の管理をしながら、その離れで暮らし始めた。

だが、ミッションは一筋縄ではいかないものだった。最初の1年間、まずは「若い人の話を聞きたい」と考えて、さまざまな集まりに積極的に顔を出してみたが、そういう場に出てくるのは70歳以上の高齢者が中心だった。40代、50代の住民は出席していてもほとんど発言せず、その下の世代となると姿を見かけることすらなかった。

「そういう場で、40代ぐらいの人に『ご友人を紹介してもらえませんか』ってお声がけしてみたこともあるんですが、昔の同級生ともふだんのつき合いがないみたいで、なかなか若者グループにつながれなかったんですよね」

この時期、市役所の出先機関である但東振興局も、同じ課題に直面していた。新たに市長に就任した関貫久仁郎が、市内各地に立ち上げる「若者会議」から上がってくる意見や要望を政策に反映させていく方針を打ち出しており、各エリアでは、地域の若者が集まるグループや商工会青年部などを通じて、若者の声を集め始めていたが、但東ではそうした母体となるような集団が見当たらなかったからだ。

人口約３７００人の但東は、豊岡市内では人口減少が最も急速に進んでいるエリアだ。65歳以上の人口割合（高齢化率）も40％超と最も高い。つまりもともと若者が圧倒的に少ない。加えて、「但東というエリア」に対する住民の帰属意識が希薄なこともこの地域の特徴だ。平成の大合併で２００５年に豊岡市になった旧但東町は、１９５６年に合橋《あいはし》村、資母《しぼ》村、高橋村が合併してできた町だった。しかし、旧3村の生活圏が山を隔てて分かれていることから、半世紀たっても住民たちの「町民意識」は育まれないまま市政に移行し、但東というエリア名だけが残った。

そのせいか、地元の住民たちが「但東」を主語にして会話をしている場面を泉は「ほぼ見たことがない」と言う。

「年配のみなさんは今でも、『合橋は……』『資母は……』『高橋は……』というふうに話します。それと、買い物をするときも、高橋の人たちは隣の福知山（京都府）、資母の人たちは京丹後（同）の市街地に行くので、自分たちが豊岡市民だという意識もあまりないように見えますね」

若者が少なく、まちへの帰属意識も薄い但東で、どうやって「魅力づくり」を進めていけばいいのか。そんなふうに考えあぐねていた泉のもとに、振興局から若者会議の立ち上げに関する相談が寄せられ、２０２２年から始まったのが「ＴＡＮＴＯミーティング」というプロジェクトだった。振興局が会議を主催して若者に参加を呼びかけるのではなく、話題のスイーツなどを提供するイベントを大石家住宅で開いて、子育て中の若い女性が集まりやすい場、語り合いやすい場をつくる。泉が発案したこのアイデアは振興局に採用され、イベント名は「猫の目商店」に決まった。

「私自身、若い女性たちがこのまちをどう思っているのか、話を聞いてみたかったんですよ。

ただ、ＴＡＮＴＯミーティングと言ってしまうと、敷居が高く感じられそうだったので、〝お店〟という体《てい》でやらせてもらうことにしました」と泉は説明する。「猫の目」というネーミングには、提供するものが毎回変わるという意味を込めた。

２０２２年7月から翌２０２３年2月にかけて、猫の目商店は計5回開店した。

初回は、豊岡市街で人気のパン工房の焼き菓子を提供し、2回目は、移住者たちが常連となっている食堂にかき氷をつくってもらった。

3回目は、市街での開店を間近に控えていたカフェのランチを、4回目は前述したイロドリの古橋緋香里（ヒカリ）に協力を依頼して、haru no hikariのベビー服・子ども服を販売した。5回目は厳冬期だったため、大石家住宅ではなく、振興局を会場にして絵本の読み聞かせと小麦粘土遊びのワークショップを開いた。チラシは毎回、泉がグラフィックデザインのソフトを使って作成し、振興局の子育てセンターに置いた。

集客数は、初回が16人、2回目は猛暑が災いして、泉の知り合いの高校生が3人来ただけだったが、3回目は32人、4回目は30人、5回目は10人だった。

5回目は来場者のアンケートも取った。その結果わかったのは、「但東の若い主婦層は、まちづくりにかかわることをさほどいやがっていない」ということだったと泉は話す。

「今までかかわったことがなかっただけで、まちをよくしていくことを考えたくないわけではないんですよね。猫の目商店でアクティブなワークショップをやってほしいというお母さん方も来てくれて、ここでの暮らしをもっと楽しみたいと思っていることもわかりました」

　主催する側として意外に感じることもあった。それは「ママ友グループの間でＳＮＳやクチコミを通じて情報が広がって、女性たちが待ち合わせをして猫の目商店にやってくる」という当初の目論見が外れたことだった。

　その理由を泉は「但東にはママ友グループがそもそも存在していないから」だと分析している。但東エリアには兼業農家の世帯が多く、高齢夫婦が田畑を守り、息子が勤めに出て、その妻は専業主婦という家庭内の役割分担が一般的だが、専業主婦同士のつながりが薄いようなのだ。

「猫の目商店に来てくれたママ世代に話を聞くと、子どもをどこかに気軽に預けられて、趣味の時間を過ごしたいと言う人が多いんですが、みなさん、家に縛られているようだし、息抜きや情報交換ができる場所がまちの中にないので、見えている世界が狭くなっているなって感じます」

　そこで２０２３年度は、開業準備中のカフェなどに呼びかけて、大石家住宅を利用した「お試し以上の営業」を月替わりでやってもらうことで、主婦層が集まる場を、より常設に近い形でつくっていこうとしている。併せて、地域おこし協力隊のネットワークを活用して、出石焼、杞柳細工、麦わら細工などの創作を体験するワークショップを子育て世代向けに開くことも検討しているという。

そうした取り組みを通じて、若い世代が交流する機会を増やし、若者会議の土台となる集団を形成していくことが、泉と但東振興局が共有している当面の目標だ。

協力隊に採用されて2年余りがたった今、「地方で暮らしていてすごくいいなと思うのは、行政との距離が近いことなんですよね」と泉は話す。

「この環境をうまく生かせば、若い世代もまちの未来についてしっかり考えて、市役所と意見交換ができるし、自分たちが暮らしやすい魅力的なまちを自分たちでつくっていくことができる。今はまだできていませんけども、TANTOミーティングをきっかけに、そういう場をつくっていきたいです」

移住者たちへの圧力

本章で取り上げた移住者や地域おこし協力隊メンバーたちは全体のごく一部だが、いずれもそれぞれのスタンスで豊岡での暮らしを楽しみつつ、それぞれのやり方でまちづくりに携わっている様子がうかがえる。その一方で、4人が共通して経験してきたこともある。

ちいきのての青柳順子は、協力隊になって2年目の頃、市長の中貝に「何か困っていることはありませんか」と聞かれ、こう答えたという。

「地域のおっちゃんらが『早く結婚せえ、早く結婚せえ』って言ってくるのが困ります」

早く土地になじんでほしいというおせっかいなのか、地元住民の結婚相手になってほしいという願望の表れなのか、独身の協力隊員や移住者に対して、この種のセクシュアルハラスメントに当たるような物言いがなされることは珍しくない。

「だいたい相手が酔っているときですけど、今でも言われますよ、『結婚せえへんのか』とか、『子どもは5人産め』とか。『なんで結婚しなくちゃいけないんですか、私の人生に責任取れるんですか』って強めに言い返すこともたまにありますけどね」と青柳は話す。

たけのかぞくの丹下芙蓉も、独身だった頃、地域の会合で人口減少対策と移住促進について話し合っていたときに、自治会の役員を務めている男性から「お前が結婚して早く子どもを産め」と面と向かって言われたという。

「最初はびっくりしましたけど、『結婚して早く子どもを持つことが女性のしあわせ』と言われたことも、『できれば土地の人と結婚してほしい』と言われたこともあります。独身女性の移住者はどうしてもそういう目で見られちゃうみたいですね。移住してきた女性の名前を挙げて『あの子には決まった相手はいるのか』って聞いてくる人もいます」

たとえ悪気はないにせよ、住民たちが女性の移住者や協力隊員のプライバシーに踏み込んでしまうのは、やはり固定的な性別役割分担の意識が根底にあるからだろう。

但東で協力隊活動を続けている泉弥子も同様のセクハラを何度か受けてきた。しかし、その度に「私は仕事をしに来ているのであって、結婚するために来ているわけじゃないです」とストレートに言い返すようにした結果、今では「早く結婚しろ」などと言われることはなくなったという。

「やはり言わなければ伝わりませんし、私が何も言わないことで、次にやってくる女性の協力隊が居心地の悪い思いをするのはよくないので、言える範囲のことは言ってきました。そういうふうに振る舞うことで、地域のジェンダーギャップ解消につながっていけばと思っています」

結婚という個人的な問題に関して、立ち入ったことを言われる協力隊員は女性だけではない。武藤保貴も、住民から「結婚しているのか」「独身なの?」などと詮索されることはあり、同世代の住民から「地元の子と結婚して、ここに残っていてほしい」と言われたときは、返事に困ったという。

「『あー、まあね』って返しましたけど、誰と恋愛して結婚するのかは個人の自由ですよね。だけど、向こうはどちらかというと優しさ、親切心から立ち入ってくるので、どう答えたらいいものか、難しいところですよね」

若い移住者に対して結婚や出産を促すようなプレッシャーがかかるのは、おそらく豊岡に限った話ではなく、各地の移住者が地域住民から同じようなことを言われているのだろう。中には、そういうおせっかいが功を奏して地元の異性と結婚し、しあわせな生活を送っている移住者も多くいるのかもしれない。

けれども、特に女性の協力隊員や移住者が、地域になじもうと思って参加した飲み会の席などで結婚や出産に関するセクハラを受けた場合、その地域に対する思い入れが薄れたり、結果として定着がうまくいかなかったりする可能性は否定できない。そんな不幸な事態を避けるためには、やはり行政が何らかの手を打っていく必要があるだろう。

子育て世代の移住を促進する〝妻ターン〟

話を豊岡市の移住・定住促進施策に戻そう。

すでに見てきた通り、豊岡市のジェンダーギャップ解消に向けた取り組みは、女性の若者回復率向上を目指すところから始まっている。

だが、定住促進係として新卒向けの就活イベントなどにも携わってきた沖中正孝は、「Uターンにせよ I ターンにせよ、20代の女性にいきなり豊岡に来てもらうのは簡単ではない」と見ている。

「その年代の女性はどうしても都会のキラキラしたものに引きつけられますし、そういう強いものが豊岡にあるかというと、まだまだそうではない。だから、もっと上の年代、30代や40代の人たちにもUターンしてもらって、人口の底上げを図った方がいいんじゃないかと思っています」

沖中が想定しているのは、豊岡を離れて都市部で結婚した女性が家族とともに地元に戻ってくるといった例だ。妻にとってはUターン、夫にとってはIターンとなるこの移住パターンを、豊岡市では「妻ターン」と呼ぶ。世間では「嫁ターン」という言い方もされているが、ジェンダーギャップ解消を目指す豊岡市役所では「嫁」という言葉は使わない。

「地方だと、夫が家族を連れて戻ってくるのが一般的ですが、豊岡では、多様性のあるまち、子育てしやすいまち、ジェンダーギャップ解消のまちを目指して、妻ターンもどんどん増やしていきたい」と沖中は語る。

偶然ではあるが、定住促進係の中にも、妻の地元である豊岡に移ってきて市職員に転職した男性がおり、妻ターンの推進を担当している。

妻ターンには、妻は近くにいる親に育児や家事を手伝ってもらったり、同世代の友人に子育ての相談を乗ってもらったりしやすい、通勤時間が短縮した夫は自分の時間や家族と過ごす時間を持ちやすい、豊かな自然に囲まれて家族がおだやかに暮らせるといったメリットがある。もちろん、地方での暮らしには不便な点も多々あるが、家族でまったく知らない土地に移住するよりははるかにハードルが低い。

２０２３年、市定住促進係では、ラジオ番組を通じて妻ターンの移住促進を図る企画を立案した。同年2月、4人の妻ターン実践者が計4回にわたって、Kiss FM KOBEの昼の番組に出演し、それぞれの体験談を披露した。

京阪神地区のリスナーが多いKiss FM KOBEの昼の番組を選んだのは、同地区で暮らす豊岡出身の専業主婦をターゲットに情報を発信するためだった。沖中は言う。

「豊岡は教育もとても充実しているので、今後は妻ターンのような企画を立てながら、今後は教育についても推していきたいですね。『飛んでるローカル豊岡』でも教育を紹介しているページはあるんですが、住まいの情報や市民ライター記事に比べて閲覧数が少ないので、そこをどうするかも課題です」

ローカル＆グローバルの視点に立った教育

沖中が話す通り、「小さな世界都市」を目指す豊岡市の学校教育はきわめて特徴的で、「英語教育」「コミュニケーション教育」「ふるさと教育」を三本柱とする「ローカル&グローバル学習」に取り組んでいる。

まず英語教育では、保育園、幼稚園、こども園に「英語遊び」を取り入れており、子どもたちは、英語を話す専門の指導員と一緒に歌を歌ったり、ダンスや体を動かすゲームをしたりして遊ぶ。

文部科学省の学習指導要領では、小学校の3、4年生から「外国語活動」で英語に慣れ親しみ、5、6年生から「外国語科」で英語を学ぶことになっているが、豊岡市では1、2年生のカリキュラムにも、外国語指導助手（ＡＬＴ）のネイティブな発音にふれる英語遊びが組み込まれている。小・中学校9年間を通して英語教育を行うことで、世界とつながる力を子どもたちに身につけてもらおうとしているのだ。

コミュニケーション教育とは、演劇的手法を取り入れた豊岡ならではの授業を指している。序章でも述べた通り、小学6年生と中学1年生が受けており、授業は、毎学期に1回（2〜3時間）、集中的に行われる。

たとえば、小学6年生の2学期の授業では、子どもたちは対話劇を体験する。といっても、かつての学芸会のように教師が台本を用意して配役を決め、子どもたちにセリフのしゃべり方や演技の仕方を教えるのではない。子どもたちに示されるのはお題だけだ。

「転入生がやってきた」というお題なら、転入生が初めて教室に入ってくる日の最初の15分間の場面を、子どもたちがグループに分かれてつくっていく。1時間目で、教師、転入生、ヤジを飛ばす子といった配役を決めてセリフや演技を考え、2時間目に練習をして、3時間目に発表する。

こうしたプロセスを通じて、子どもたちは、他者に自分の考えを伝える能力や、合意形成する能力、仲間と協力して課題を解決する能力を高めていくと、市では考えている。

「ただし、それだけだと、英語力やコミュニケーション能力を実装した子どもたちは、学校を卒業した後に都市部に出ていっちゃうんですよね。子どもたちが都会に出ていくために、私たちは教育をしているのかという話になってしまう」と市教育長の嶋公治は冗談めかして言う。

子どもたちにまちに対する愛着を持ってもらうためには、まちの魅力を知ってもらう必要があり、ふるさと教育はそのために行われている。テーマは、コウノトリ、ユネスコ世界ジオパークに加盟認定されている山陰海岸ジオパーク、産業・文化の3つで、小学3年生から中学3年生までの7年間、地域住民を講師に招いたり、現地でフィールドワークをしたりして学ぶ。学習課題の内容を体系的にまとめたガイドブックも活用している。

ふるさと教育について、嶋は「豊岡の『ひと・もの・こと』についての学習です」と説明する。

「豊岡は自然が豊かですけど、それだけを教えたのでは、子どもたちは『都会に住んで、ときどき豊岡に帰って自然を楽しめばいいや』と思ってしまうので、このまちにはどんな人たちがいて、どんなものがあって、どういうことをしてきたか、その背景はどんなことだったのかを勉強してもらう。そういうカリキュラムになっています」

２０２３年6月には、市長の関貫がすべての公立中学校に赴き、自らふるさと教育の講師を務めた。中学3年生を対象とした授業で、関貫は、ジェンダーギャップ解消戦略の「子どもたちがジェンダーギャップ解消の必要性を自分のことばで語っている」（手段06）、「子どもたちが性別にとらわれず自分のありたい姿を描き、実現に向けて行動している」（手段０６０２）といった項目について説明するとともに、前年、ジェンダーをテーマに実施した中学校生徒会リーダー研修会や、２０２３年夏に開催を予定している女子中高生のためのプログラミング体験キャンプなどの取り組みについても生徒たちに語って聞かせた。

市では、以前から教育を移住・定住促進の梃子《てこ》にしたいという構想を持っており、２０１7年3月には、コミュニケーション教育などを県外の保護者にも知ってもらうために、「子どもワークショップ」を東京都内のスタジオで開催している。当日は平田オリザらが講師を務め、東京、神奈川、埼玉、千葉など首都圏各地から多数の親子連れが参加した。

教育界では、時代が変化しても変わらない価値のことを「教育の不易」という。嶋は、それを「子どもたちに寄り添うこと」だと考えている。

「子どもたちひとりひとりの感じ方や考え方、行動の仕方の背景を考えるということですね。子どもたちのいいところを認めて、意味づけする。『君のいいところはこういうところだよ』というふうに言葉で伝える。そういうことが豊岡の教育の根幹にあります」

２０２２年度の全国学力・学習状況調査で「先生は、自分のよいところを認めてくれていると思う」と回答した児童生徒の割合は、小学6年生で91・9％、中学3年生では90・7％となっており、ともに全国平均を上回っている。

「子どもたちと先生たちの関係がすこぶるいい。それが豊岡の宝です」と嶋は語る。

ガバメントクラウドファンディングで１５００万円を集める

近年、豊岡市では、子どもたちの「非認知能力向上対策事業」にも力を入れている。

非認知能力とは「やり抜く力（自己効力感）」「自制心」「協働性」といった数値化できない力を指しており、学力テストなどで測定できる「認知能力」の土台になることが各種の研究でわかっている。また、非認知能力を向上させるには、演劇、ダンス、メディア表現（映像・音楽制作）などを通じたアウトプット型の学習が有効だとされている。

豊岡がこの事業に取り組んでいるのは、貧困対策の一環だ。日本の相対的貧困率は先進国の中で最悪のレベルに達している。とりわけシングルマザー世帯の貧困率はきわめて高く、その背景には非正規雇用に女性が集中しているというジェンダーギャップの問題がある。貧困な家庭で育った子どもたちが十分な学力を身につけられず、大人になってからも貧しい暮らしから抜けられない「貧困の連鎖」も起きやすくなっている。

そのため豊岡市では、家庭の所得水準に関係なく、子どもたちに十分な学力を身につけてもらうためには、やり抜く力、自制心、協働性を高めていく教育が大切だと考え、その手法として「演劇ワークショップ」を選択した。２０１９～21年度には市内の小学校2校をモデル校とし、1～3年生を対象に試験的に導入した。

演劇ワークショップのプログラムは、舞台芸術表現を通じた体験型学習を手掛けるＮＰＯ法人「PAVLIC」のわたなべなおこが作成し、平田オリザが監修を、劇団「青年団」のメンバーがファシリテーターを務めている。

参加した子どもたちは、体や声、言葉を使った表現活動を通じて、①自分の考えや気持ちを表出したり、受け入れてもらったりする。②自分とは異なる考え方や価値観を持つ他者の存在を認識し、他者と自分の違いを受け止める。③自分の考えと他者の考えをすり合わせ、集団の中で合意形成を図る――といった体験をする。

たとえば、「なにをやっているの？ あてっこゲーム」は、くじで引いたお題に合わせて演技を考え、発表するワークショップだ。

子どもたちは、ファシリテーターたちのデモンストレーションを見た後、５人ずつのグループに分かれて、「大縄跳び」や「玉入れ」といったお題をどう表現するのかを真剣に話し合い、練習を繰り返して発表する。発表後は、各グループがそれぞれ「何をやっていたのか？」をクラスの仲間たちが当てる。

その効果について、市教育委員会が青山学院大学の苅宿俊文（社会情報学部教授）の研究チームに検証を委託したところ、ワークショップ前後の児童に対するアンケート調査や、ファシリテーターと学級担任に対する聞き取り調査の結果から、子どもたちのやり抜く力、自制心、協働性のすべてにおいてプラスの変化が起きていたことが確認された。

これを受け、市では２０２２年度からはすべての小学校で1年生を対象に演劇ワークショップを開始した（現在は一部の小学校の2年生も対象）。課題はファシリテーターの確保だったが、同年10月から12月にかけて、ふるさと納税の仕組みを活用したクラウドファンディング（ガバメント・クラウドファンディング）で寄付を呼びかけると、目標額１０００万円の実に15倍以上に当たる１５７５万３０００円が集まった。

驚くべき成果について、教育長の嶋は「コロナで閉塞感に包まれていた教育活動をなんとかしたいという全国のみなさんの願いを感じました」と話す。クラウドファンディングのサイトには、ワークショップの様子を撮影した動画へのリンクが貼られており、その動画を見れば、子どもたちが、文字通り目を輝かせながらゲームに参加していることがよくわかる。

当然ながら、演劇的手法を用いた豊岡の教育において、小学1・2年生が身につける非認知能力（やり抜く力、自制心、協働性）と、小学6年生・中学1年生がコミュニケーション教育を通じて習得する能力（他者に考えを伝える能力、合意形成する能力、仲間と協力して課題を解決する能力）には重なり合う部分が多い。共通して言えるのは、いずれも将来、子どもたちが大人になり、家庭や地域や職場でジェンダーギャップを克服していく際にも求められる能力だということだ。

豊岡の子どもたちは、仲間たちと意見を交わしながら一緒に即興劇をつくり、自分とは異なる存在を演じ、他者に関心を持つことの大切さや他者に認められることの喜びを体感している。そうやって身につけた力が確かなものであれば、社会人になってからもきっと役に立つはずで、異性と対等に協力しながら、日々の暮らしを送り、地域の活動に参加し、組織の課題に取り組んでいくときにも存分に発揮されるだろう。

ここでも、周到に構築された豊岡メソッドは回り続けている。

止まることなく、着実に。

終章

豊岡メソッド
——本気のコレクティブ・インパクト

人口減少を乗り越えるためのジェンダーギャップ解消

２０２３年10月、日本政府は経済対策の柱の1つとして「人口減少を乗り越えるための社会変革」を掲げた。そして、豊岡市が全国に先駆けて、挑戦している取り組みこそ、「社会変革《ソーシャル・トランスフォーメーション》」そのものである。

それは、従来の社会の仕組みを前提とした個別・対症療法的な施策とは異なる。

家庭や職場や地域社会に温存されてきた性別役割分担を前提とした仕組み・文化を変え、多くの若者が望む共働き・共育てができる環境をつくろう、働きやすくて働きがいがある職場と多様な人々・世代がともに支え合う地域社会をつくろう、という壮大な変革のプロセスである。豊岡のまちを訪ねると、現状を変えていこうとする人々の本気度を目の当たりにする。

ジェンダーギャップの象徴である「男女間賃金格差」は、国際的に見ると、ジェンダーギャップ指数やグローバルサプライチェーンの人権デューデリジェンス（人権リスクに対する企業の取り組み）において企業内の性差別の実態を示す指標となっている。機関投資家は、企業の人的資本を評価するための重要指標として男女間賃金格差を活用する。組織の内部に潜む構造的な不平等は、リスクであり、人的資本の強化や持続的な成長を阻む障壁とされているのだ。

昨今、欧米諸国を中心に、企業に対して人権デューデリジェンスの実施が法律で義務づけられるなど、人権に係る法制化の動きが加速している。そうした国々の企業に物品・サービスを提供する取引がある企業は、たとえ地方の中小企業であっても、男女間賃金格差のデータを求められることも出てくる。ジェンダーギャップに配慮できない企業は、今後の企業活動に支障がでてくる可能性があるのだ。

遅ればせながら日本政府も２０２２年7月、すべての行政機関と常時雇用者３０１人以上の企業に対して、「男女間賃金格差」の情報開示を義務づけ、この情報は、２０２３年3月期決算から有価証券報告書の人的資本に関する開示項目となった。

第1章では豊岡市の男女間賃金格差に触れたが、豊岡は典型的な事例とも言える。日本の賃金格差の特徴は、年齢を重ねるほど、男女間で昇進に格差が生じ、それが賃金格差につながることである。格差には、「勤続年数」「管理職登用率」「コース別採用制度（男女を分ける「仕組み」「慣行」「意識」）の男女の偏り」という側面がある。男女間賃金格差が生じる主な要因としては、一般に次の3点が挙げられている。

①　家事・育児・介護等の「ケアワーク」の責任が著しく女性に偏る（女性側は休職・退職・管理職／総合職を躊躇、企業側も女性の管理職登用を躊躇）

②　性別によって任せる仕事・役割が異なる（男性はリーダー的役割、基幹的・中核的業務及び大胆なジョブローテーション／全国転勤、女性は補佐的役割、非基幹的・中核的業務及び限定的なジョブローテーション／地域限定／非正規雇用、基幹業務を担う人材を育成する教育・研修機会における男女の偏り）

③　評価の基準・仕組みが透明性・客観性・公正性を欠く（個人の主観や意識的・無意識的なジェンダーバイアスが作用しやすい評価の仕組み、長時間労働・転勤など家庭責任の放棄が評価されやすい仕組み）

いずれも小手先の取り組みで解消できる問題ではなく、あらゆる関連指標（データ）を用い、ジェンダーの視点から分析し、構造的なレベルでの変革を行うことが必要になる。

本書で紹介したように豊岡市では、評価の見直し、勤務形態の見直し、ケアワークの偏りの是正（男性育休の推進など）、研修・教育機会における男女の偏りの是正、経営層・管理職に対するジェンダーバイアス研修の実施など、従来の仕組みを見直し、よりフェアなものに変えていく、という構造的なレベルでの変革に着手する企業経営者が出てきている。

従業員意識調査やワークイノベーション推進会議のような官民連携による体制は、単体での取り組みが難しい中小企業にとって、情報や専門的知見や研修機会にアクセスできる貴重なプラットフォームである。豊岡では市役所も場を提供するだけではなく、一事業所として参加企業とともに主体的に取り組む、という好循環が生まれている。

豊岡は「何に」挑戦しているのか
――ジェンダーレンズを装着した男性たち

ジェンダーギャップは、数値化できる男女間の格差、つまり、「現状」「実態」を表すものでもある。格差を是正するには、そもそも格差がなぜ生じているのかをジェンダーの視点から分析し、その結果に基づいて戦略を練り、施策を考え、実行しなければならない。

多くの場合、男女間格差の背景には、男か女かで生き方や振る舞いを規定しようとする規範や性別役割分担を前提とする社会・経済の仕組み・慣行がある。特に、日本の女性の場合、「個人」ではなく、家庭内での「娘」「妻」「母」「嫁」といった役割が優先されがちで、女性自身も「自分の生き方を自分で決める」という意識が薄い。

ＳＤＧｓが掲げる「ジェンダー平等」は、まさに、こうした性別に基づく直接的・間接的な差別をなくし、男女が権利と機会を平等に享受し、責任を分かち合い、意思決定にも対等に参画できる状態を目指している。これは、世界共通の普遍的な目標でもある。

「男性中心社会」を「ジェンダー平等社会」に転換するには、さまざまな場で「権限」「決定権」「影響力」を持つ人、つまり、男性が変革の担い手としての自覚を持ち、行動していかなければならない。その第一歩が、「ジェンダーレンズ」の装着である。ジェンダーレンズとは、ジェンダー平等の視点や意識を持ちながら、物事を見ることを意味する。

ジェンダー平等の実現は、今や、どの自治体、企業にとっても死活問題だ。トップや経営層がこの問題をどのようにとらえているか、口を開いて少し語れば、その人物がジェンダーレンズを通して自らの地域や組織を見ているのか、施策を考えているのかどうかがすぐにわかる。

筆者（大崎）は、自治体や企業で講演をしたり、トップの方々と話したりする機会が少なくないが、女性活躍やダイバーシティで有名な組織でさえ、帰り際に、女性職員・従業員たちから「上はああ言っていますが……。実際のところ、本当はひどいんです」などと小声で訴えかけられることが驚くほど多い。懇談の場での経営トップの言葉の端々から、周辺の女性たちの振る舞い方から、ジェンダーレンズの有無はおおむね推測できてしまう。

読者のみなさんは、ジェンダーギャップ解消をめぐるヒューマンストーリーの数々をどのようにお読みになっただろうか。お気づきかもしれないが、登場人物の大半は、男性である。ただし、「ジェンダーレンズを装着した」男性たちだ。

しかし、本書の中の男性たちも、最初からジェンダーレンズを装着していたわけではない。データを見て男女間の格差に気づく。

女性たちの話を聞いて、そういう悔しさやあきらめがあったのかと驚く。

我が身を振り返って、自らもそのシステムに乗ってきたことを反省する。

そうした、「マインド」の変容と、ジェンダーについての「学習」、つまり「ジェンダーレンズの装着」が、その後の「アクション」につながっている。

前市長の中貝宗治をはじめ、ワークイノベーション推進会議に出席する地域のリーダー的な経営者は一様に、職員・従業員からの厳しい声に耳を傾け、採用・登用・評価の方法を変えたり、勤務シフトなどの仕組みを変えたり、女性に限定せず、男性も仕事と家事や育児が両立できるような制度や柔軟な働き方を導入したりするなど、思い切った改革を施していることがわかる。

「ダイバーシティや女性活躍なんて取り組む余裕はない」という声は、人手不足に悩む地方の中小企業の経営者から聞かれるが、豊岡市の経営者たちは、誰にとっても働きやすくて働きがいのあるフェアな職場をつくることが、従業員の満足度やウェルビーイング、スキル習得や管理職のチャレンジ精神を高め、結果として、人材の採用・定着・強化に結びつく、という手応えを得ている。それは近年、盛んに言われる「人的資本経営」「ウェルビーイング経営」「サステナビリティ経営」の実践にもつながっていく。

行政機関や民間企業、地域社会など、意思決定の主流にいる男性がジェンダーレンズを装着することで、当初の関心事は「人口減少」「高齢化」「人手不足」であったとしても、その背景に「フェアネス」（公正性）の問題があることに気づき、構造的なレベルでの変革に着手するきっかけが生まれる。

豊岡ではジェンダーギャップの「岩盤」と表現される地域社会でも、たとえば福田区長の杉山隆一と副区長の橋本拓己（当時）が、「市政出前講座」を要請して学びを開始し、女性たちの声を聞こうとした。その中で彼らは、一足飛びに数合わせのような形で役員を任命したり、婦人部の名称変更や廃止を検討したりするのではなく、「まずは、女性たちの意見を聞く仕組みや女性が区の意思決定に直接かかわれる仕組みをつくろう」「地区全体でジェンダー平等の雰囲気をつくっていくことを取り組みの第一歩にしよう」と呼びかける。

「オッサン達が、オッサン達に都合よく、やりやすい」仕組みに、女性たちを当てはめようとしても、有意な女性参画は確保できない。それは、ジェンダーレンズゆえの、重要な気づきなのである。福田区が、どれだけ深く女性たちの声を聞き取り、女性たちもどれだけ主体的な参画意識を持って「わきまえずに」声を上げて行けるか、そして、どうやって「対等に、率直に話し合える場」を設定し、地区の意思決定のありようを変革していくのか。今後の取り組みが期待される。

豊岡は「いかに」挑戦しているのか
——コレクティブ・インパクトの実践例として

締めくくりとなる本章では、豊岡市の取り組みを、社会課題や環境問題の解決のためのアプローチとして、世界的に認知されている「コレクティブ《集合的な》・インパクト」という枠組みを通して解説したい。

なじみのない読者のためにその考え方を簡単に紹介しよう。

何らかの社会課題の解決を目指すとき、個別・単体で活動するよりも、同じ目標に向かって事業者が積極的に協働し、学びを共有すること、セクター横断型の連携を強化すること、企業と政府（自治体）がお互いを相互補完的なパートナーと見なすことで、集合的かつ大きな影響《インパクト》が生み出される。集合的なアプローチをとる方が、相乗効果や波及効果が期待でき、持続性も高まるという視点に立ち、より大きな「社会変革」の手段となるという考え方である。

この考え方は、２０１１年に米スタンフォード大学が発行する「スタンフォード・ソーシャルイノベーション・レビュー」（ＳＳＩＲ）誌上で、ジョン・カニアとマーク・クラマーが発表した論文において示された。

協働の実例というのは開発支援の世界では、過去にも数多《あまた》あったが、コレクティブ・インパクトは、その域を超え、より普遍的な「特定の社会課題を解決するための手法」として提示された。「共通のアジェンダ」「共通の評価・測定システム」「相互に補強し合う取り組み」「継続的なコミュニケーション」「バックボーン組織」という5つの構成要素が明示されたことで実践に生かしやすいことから世界的な関心を集めてきたのである。

カニアとクラマーらは２０２２年、ＳＳＩＲ誌に「コレクティブ・インパクトの北極星はエクイティの実現である」とする新たな論考を発表した。その中では、過去の実践例の検証から、コレクティブ・インパクトが、失敗に陥りがちな要因の1つとして「エクイティの問題を置き去りにしていた」ことを挙げている。ゆえに、「集団やシステムレベルの変化を達成するために、ともに学び、連携して行動することによってエクイティの向上を目指す、コミュニティの人々とさまざまな組織によるネットワーク」と再定義した。

Equity《エクイティ》という言葉は、耳慣れないかもしれないが直訳すれば「公平性」である。ビジネスの世界では「ダイバーシティ&インクルージョン（Ｄ&Ｉ＝多様性と包摂性）」という言葉が、昨今、「ダイバーシティ、エクイティ&インクルージョン（ＤＥＩ＝多様性と包摂性、公平性）」というコンセプトに置き換えられつつある。社会問題の解決においても、企業のダイバーシティの推進においても、「エクイティ＝公正」というコンセプトが中核に据えられるようになった。

次ページの図表7－1はコレクティブ・インパクトのフレームワークをまとめたものである。

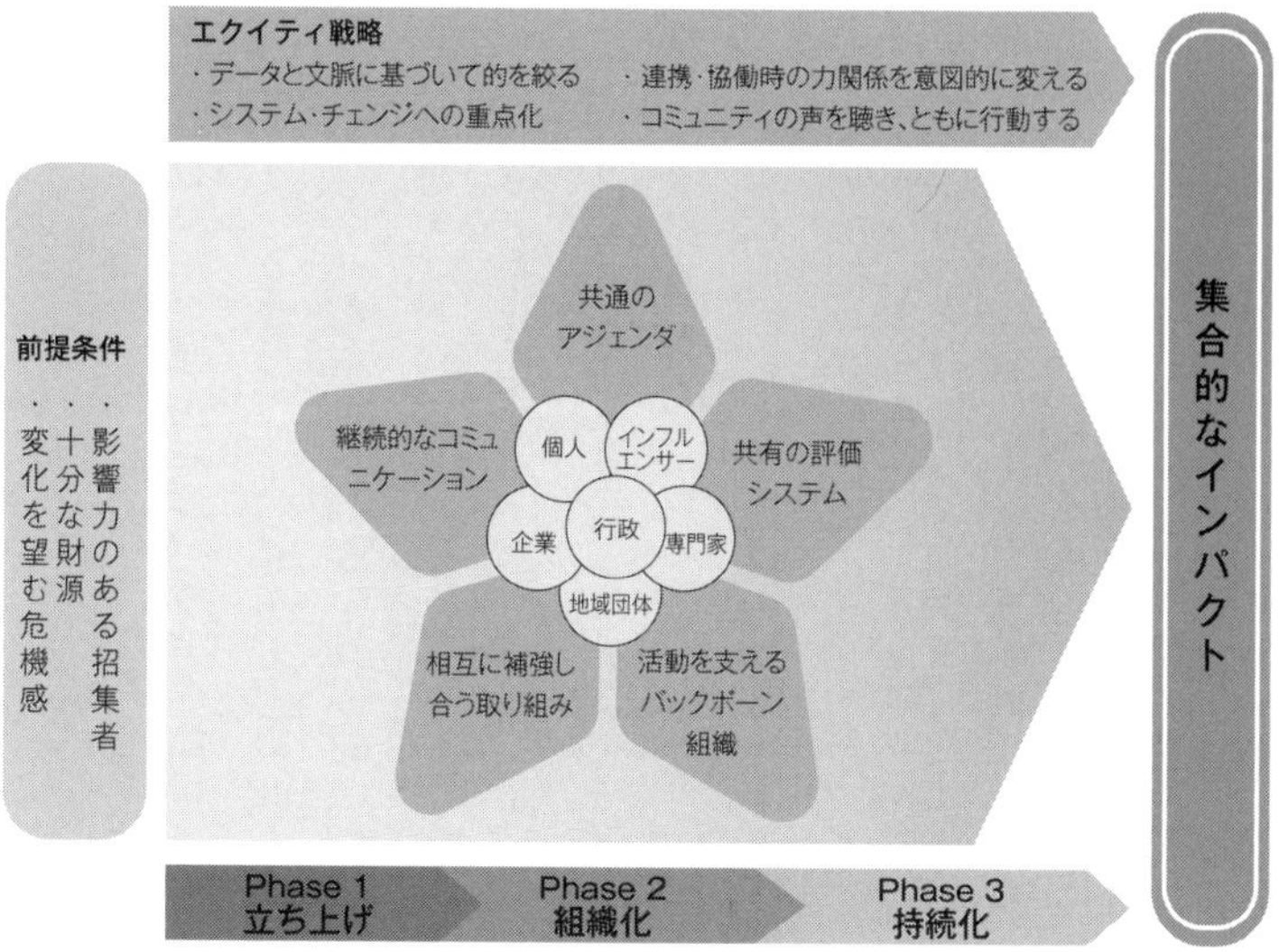

出所：筆者作成

図表7-1　コレクティブ・インパクトのフレームワーク

2018年から始まった豊岡市のジェンダーギャップ解消に向けた取り組みは、カニアらが再定義した、「エクイティを中心に据えたコレクティブ・インパクト・アプローチ」の実践に近い。

むろん豊岡市は、意図的にコレクティブ・インパクトの手法を導入・実践したわけではない。したがって、やや後づけの面は否めないが、同市における取り組みの特徴を明らかにするために、この枠組みを援用してみたい。豊岡では社会的なインパクトを生み出すにあたり、どのような戦略を取り、どのようなステップで、どのように施策を展開してきたのか。「3つのフェーズ（段階）」「5つの条件」「エクイティを中心に据えた戦略」というフレームワークに沿って、整理する。

1　コレクティブ・インパクトの前提条件と3つのフェーズ

カニアとクラマーらによると、コレクティブ・インパクトを目指して取り組みを始める際に整えておくべき条件がある。具体的には、①影響力のある招集者、②十分な財源、③変化を望む危機感の3つである。

これらの条件がすべてそろうことで、「これまで協働しなかった人々をコレクティブ・インパクトの取り組みに引き込み、連携を支えて、活動を軌道に乗せていくまでに必要な機会と機運が生まれる」という。

豊岡市役所には、先見性のあるリーダーがいた。将来のありたい姿を「小さな世界都市」とし、その実現の過程において、「ジェンダーギャップの解消」を目標に位置づけ、適切な人材と財源を投入した前市長の中貝宗治である。戦略を練り、実施体制をつくるために投入された職員は、いわゆる「男女共同参画畑」ではなく、市役所の中枢にいて多様な経験と人脈を持つ上田篤や若森洋崇だった。

そもそもジェンダーギャップの主要因は賃金や昇進、研修機会における間接的差別であり、男性の働き方の問題でもある。それは若年女性が「働きがいのある職場がない」として地元を敬遠する理由の1つでもあった。だからこそ、根本的な改革なくして、その解消はありえない。そこで、上田らは豊岡市商工会議所の会頭を務める岡本慎二に協力を要請する。民間企業が自治体と組んで「男女共同参画を推進する」という取り組みは類を見ないものだった。最初から、経済団体とパートナーシップを組み、主体的に動きやすくするという戦略に、豊岡市の「本気度」が垣間見える。

2つ目の財源については、充分な予算を確保した上で、取り組みを開始している。２０１７年に行った20代女性のUターンに関する意識調査に基づき、中貝は２０１８年3月議会の市長総括説明でジェンダーギャップ対策の必要性を訴えた。２０１８年度の予算計上には間に合わなかったが、ワークイノベーション戦略とキャリアデザインアクションプランの策定を含む初期の取り組みはすべて、補正予算すなわち一般財源で対応した。２０１９年度以降は、第3章で触れたように、地方創生推進交付金、地域女性活躍推進交付金、個人・法人のふるさと納税も活用するなど、財源を多様化している。

3つ目の「危機感」という条件は所与のものだった。人手不足はすでに大きな問題として認識され、２０１９年10月に筆者が目黒依子とともに実施した男性市民へのヒアリング調査では、経営者も市議会議員などの地域リーダーも、同様の危機感を強く抱いていた。地域リーダーからは、「従来のやり方や価値観では、地域活動を担いたいと思う若者も女性もいない。これからの時代の人たちには、これからのやり方をつくってもらうしかない」といった声が聞かれた。

「若年女性のUターンは、若年男性の約半分」というデータと「若い女性たちが、まちからすーっといなくなっていました」というジェンダーギャップ解消戦略（２０２１年）の文言は、日頃から自社や地域はもとより、豊岡の将来を真剣に考え、次世代に対する責任感のある男性リーダーたちにこそ強く響いた。この危機を乗り越えるには、女性が帰ってきたい、ここに住みたい、ここで働きたい、と思えるような社会に変化するしかない、という強いコミットメントが必要だという気づきこそが、豊岡における取り組みの出発点だったのである。

コレクティブ・インパクトは、「フェーズ1＝立ち上げ」「フェーズ2＝組織化」「フェーズ3＝持続化」の3段階に分けて、取り組みの発展・進化を考察できる。次ページの図表7－2は、豊岡市におけるジェンダーギャップ解消の取り組みをコレクティブ・インパクトのフェーズに時系列に沿ってあてはめたものだ。

現時点で豊岡市は、フェーズ3「持続化」に向けた段階に入っていると見ていいだろう。

他方で地域の重要なステークホルダーである女性に関しては、フェーズ2「組織化」の段階にある。前述の通り、日本では、女性たちが声を上げることに躊躇する。しかし、声を上げる代わりに、「生まれ故郷から都市部に移動し、戻らない」「結婚しない」「子どもを持たない」

成功要素	フェーズ１ 活動の立ち上げ	フェーズ２ インパクトに向けた組織化	フェーズ３ 活動とインパクトを持続させる
ガバナンスと基盤	リーダーを発掘し、セクター横断型のグループを形成する ・2018年～中貝のリーダーシップで市役所内外に人的ネットワークを持つ若森、後に上田をリーダーとするチームで始動 ・経済界や地域社会のリーダーに協力を要請 ・小安、目黒、大崎など外部専門家を登用	バックボーン組織とプロセスの基盤を構築する ・18年9月 20代・子育て女性ワークショップ実施 ・18年10月 ワークイノベーション（WI）推進会議の設置 ・19年4月 ワークイノベーション推進室の設置 ・21年4月 ジェンダーギャップ対策室の設置 ・同年6月 庁内推進委員会の設置	活動のファシリテーションを行いながら、改善する ・あらゆる取り組み・事業主体・関係者から、常にフィードバックを得て、活動に反映し、恒常的に改善
戦略の立案	状況を把握しデータで裏付ける ・男女別データ／ジェンダー統計 ・意識調査 ・聞き取り調査	共通のアジェンダ（目標と戦略）を設定する ・21年3月「豊岡市ジェンダーギャップ解消戦略」の策定 ・22年3月「第４次男女共同参画プラン」の策定（市民主体のジェンダーギャップ解消戦略会議と市役所職員の庁内推進委員会の協働により、策定）	活動をサポートする ・ジェンダーギャップ対策室が戦略体系図に沿って活動を遂行 ・庁内の他部署の取り組みをサポート ・WI推進会議の活動をサポート
コミュニティの参画	コミュニティに働きかける ・18年10月 WI推進会議を立ち上げ、民間セクター巻き込み ・19年5月 市民向けシンポジウムの実施（問題意識の共有） ・同年10月 ジェンダー平等に関する意見交換会 ・同年11月 市広報でジェンダーギャップ特集号	コミュニティを巻き込み、共通の目標を築く ・18年10月～WI推進会議 ・20年2月 高校生・20代ワークショップ ・同年4月 ジェンダーギャップ解消戦略会議（バックキャスティング、ロールプレイング、学習） ・22年7月 豊岡みらいチャレンジ塾	継続的に関与し、アドボカシーを実施する ・情報発信（広報誌、マンガ、パンフレット発行） ・地区での出前講座 ・WI推進会議（総会、セミナー、従業員意識調査） ・20年10月 あんしんカンパニー表彰制度の設立 ・視察の受け入れ（全国的な先進事例であることを意識）
評価と改善	基本データを分析し、主要な課題や、現状と理想のギャップを特定する ・19年9月 Gender Action Platformによる調査・分析・提言	共通の測定システム（指標、測定手法、アプローチ）を確立する ・21年3月 戦略体系図の作成（関係部署との連携を通じて） ・同年6月～庁内推進委員会でのモニタリング	進捗状況の把握と報告を行う（学びと改善のプロセス） ・庁内推進委員会での報告と検討 ・ジェンダーギャップ解消戦略会議への報告と意見交換

(2023年3月時点)　　出所：豊岡市の資料に基づき筆者作成

図表7-2　コレクティブ・インパクトの3段階で見る豊岡市のジェンダーギャップ解消の経緯

という無言の行動によって、「意思」を示してきたとも言える。

「気がついたら、婚姻数も出生数も激減していた」「育休から戻ったと思ったら、辞めてしまった」というのは、女性たちの無言の意思表示でもある。

逆に言えば、女性たちがあきらめの行動に出る前に、声を上げるようになることが欠かせない。そのためには声を受け止める側がジェンダーレンズを装着し、女性たちが声を上げない理由を正確に理解し、女性たちの声に真摯に耳を傾けることが求められる。

そして、女性を対象とした支援策も欠かせない。少なからずの女性は実践的なマネジメント経験が乏しい。従来は管理職や地域のリーダーを担うのは男性という前提があり、女性への管理者研修の機会は少なかった。そのため、新たに用意される女性向けの研修は、「女性優遇」ではなく、長年の偏りを是正するための「エクイティ」ととらえなければならない。豊岡でのワークイノベーション推進会議の女性向けセミナーや女性リーダーの育成を視野に入れた「豊岡みらいチャレンジ塾」は、まさにそのための施策だ。

2　コレクティブ・インパクトの5つの必要条件

次は、インパクトの「広がり」という視点から、豊岡市の取り組みを見ていきたい。

コレクティブ・インパクトの肝は、多様なステークホルダーの協働と連携によって、相乗効果・波及効果を生み出し、それを持続させることである。舵取りはなかなか難しい。単体のプログラムや組織は一定の成果を出しやすいものの、そのインパクトは限定的で「社会変革」と呼べるような持続的で大きな変化を生み出すのは難しい。人口減少やジェンダーギャップといった複雑な課題に対応するには、どうしても多様なステークホルダーによる取り組みが必要となる。

　カニアらの定義にならうと、コレクティブ・インパクトの必要条件は、「共通のアジェンダ」「共通の評価・測定システム」「相互に補強しあう取り組み」「継続的なコミュニケーション」「バックボーン組織」の5つである（279ページ図表7−1）。いずれも、多様なステークホルダーの協働・連携の土台となる要素である。

　豊岡市は、これらの条件をどの程度満たしているだろうか。

　近年、豊岡と同じような課題に対し、子育て支援や女性活躍といった、個別の施策に力を入れ、一定の成果を上げている自治体は少なくない。しかし、豊岡市が他の自治体と大きく異なる点は、長年にわたり構築されてきた、性別役割分担を前提とした仕組みや意識そのものを見直し、アップデートする道を選び、「共通のアジェンダ」として掲げたことにある。これは、どの自治体にも踏み込めなかった地平である。

「ジェンダーギャップ解消戦略」の策定では、多様な立場の市民の参画を得て、「共通のアジエンダ」を確認し、あらゆるステークホルダーが担える役割を想定しながら6つの取り組み領域を設定し（「相互に補強し合う取り組み」の土台、）、戦略体系図のフォーマットに沿って、共通の成果指標を伴う行動計画（「共通の評価・測定システム」）を取りまとめた。

行動計画のモニタリングは、多様な部署で構成される庁内推進委員会で定期的に行っている。各部署が取り組みの全体像を把握することで、新しい発想や主体的な取り組みを生み出している。例えば、総務課は、ワークイノベーション推進会議への加入を公共事業の入札参加資格申請での主観点数加算項目にした。秘書広報課や教育総務課は、市や教育委員会の後援名義使用等の承認にあたっては、申請者に対し、登壇者・出演者等の男女比などジェンダー配慮について協力を求めている。

地域全体で、インパクトを生み出すには、関係するプレーヤー間で「継続的なコミュニケーション」を推進し、共通のビジョンとその意義を再確認しながら、モチベーションや信頼関係を高め、その輪をさらに広げていく必要がある。市役所と民間企業の協働の場でもあるワークイノベーション推進会議、市民主体のジェンダーギャップ解消戦略会議と市役所の庁内推進委員会の合同会議、行政区（自治会）に対する研修会、豊岡みらいチャレンジ塾などが、コミュニケーションの場として機能している。そして、取り組みの全体的な調整を行い、マネジメントを担うのが「バックボーン組織」であり、豊岡の場合、言うまでもなくそれは市役所である。

ジェンダーギャップの解消は、単発の施策とは異なり、目に見える結果がすぐに出るわけではない。また、本書の登場人物の全員が、この挑戦の全容を把握しているわけでもない。かかわりのある人々のマインドセットや行動様式が変化し、それが地域全体に波及効果を生んでいく、という息の長い取り組みだ。

豊岡市の取り組みの最大の強みは、ひとりひとりの行動変容、チャレンジが集合的な成果となり、ジェンダーギャップを是正し、ひいてはサステナブルなまちづくりにつながっていくフレームワークを構築してきたところにある。その中核には戦略体系図があった。前市長の中貝市政時代に副市長の真野毅が導入した仕組みである。

豊岡では戦略体系図で「ありたい姿」のビジョンを描き、そこを起点に、現状分析を踏まえて、多様なステークホルダーが「ありたい姿」にたどり着くためのロードマップを一緒につくり、それぞれの持ち場で、また、他のステークホルダーと協働しながら実行する、というアプローチが日常的にとられている。

そもそも、壮大な目標にコミットできたのは、コウノトリ再生復帰事業に端を発した行政職員の成功体験と戦略的思考に基づく業務遂行能力を日常的に培ってきた基礎体力ありきだったとも言える。

豊岡の挑戦は、日本の古きよき伝統を破壊するのではないか、という意見もあるかもしれない。しかし、豊岡市役所で実働部隊を率いてきた上田の「ジェンダーギャップの解消は、過去の社会のありようや人々の生き方を否定するものではない。産業構造や人口構成の変化に対応しながら、すべての人にとって生きやすい社会、持続可能な地域社会をつくっていくための取り組みだととらえています」という言葉からは、変化し、適応するという柔軟な姿勢こそが豊岡の伝統である、という思いが伝わってくる。

3　エクイティを中心に据えた戦略

日本の各地で地方創生の取り組みが進められている。

豊岡市がユニークなのは、全国の自治体に先駆けて「ジェンダーギャップの解消」という戦略を明確に打ち出し、行政機関、民間企業、地域社会が連携できる仕組みを整えたことにある。そして、その取り組みが突出しているのは、やはり、ジェンダー不平等というエクイティ（公平性）の問題に、真正面から取り組んでいる点である。

エクイティという概念は広い意味を持っており、定義も多数ある。ここでは、２つの定義を紹介しておきたい。定義Ａは、公共分野向けでＳＳＩＲ誌が、「最も参考になった定義」としているアーバン・ストラテジーズ・カウンシルという社会課題の専門団体によるもので、定義Ｂは、ビジネス分野向けで２００５年に国連が主導して制定された「責任投資原則」（Principles

エクイティとは？

定義A（公共分野向け）

「エクイティとは、社会における機会や、結果としての現状、代表性における格差を体系的に評価し、これらの格差を重点的なアクションを通じて是正していくことで達成される、公平性（フェアネス）と正義（ジャスティス）のことである」

（『スタンフォード・ソーシャルイノベーション・レビュー・日本版』）

定義B（ビジネス分野向け）

「すべての人が（仕事を通じて）活躍・成功・成長するために必要な、公正なアクセス、機会、資源（リソース）、力（パワー）を持てるようにすること。ゴールは、歴史的に構築され、構造化された『障壁』を取り除き、扱いや結果における、より一層の公平性を達成することである」

（責任投資原則『Diversity, Equity & Inclusion: Key Action Areas for Investors』2022）

for Responsible Investment: PRI）によるものである。

このうち定義Ｂは、世界中の金融機関ために、環境・社会・ガバナンス（ＥＳＧ）に注目して企業を評価し、投資判断を行うＥＳＧ投資の基盤となる原則を示したものである。多様性《ダイバーシティ》は、企業の重要な資産である人的資本や、よりよい意思決定・リスク管理を可能とするガバナンスの質を向上するうえで、重要な要素とされているが、今や多様な人々が、自らの力を存分に発揮できる職場をつくっていくためには、「エクイティが不可欠」とされているのである。

前掲のカニアらの論考は、「過去から続く不公正に対処する政策、活動、制度をつくるための取り組みを行うべき」とし、「コレクティブ・インパクトにかかわるすべての人は、不公正を放置してきたことへの責任や、それをこれから正していくという役割を、自分ごととして認識しなくてはならない。この内的な変化のプロセスについてはしばしば見過ごされてきた」と強調している。

豊岡市の取り組みもまた、中貝が過去から続く不公正、フェアネスの欠如に気づき、それに対する自らの責任を公言したことから始まった。しかし、実際には取り組みに携わるすべての人が、最初から、このようなマインドを持つことは難しい。重要なのは、取り組みにかかわる過程で、ジェンダーレンズを装着し、「内的な変化」を起こすことである。

その点、豊岡市の取り組みのエッセンスの1つには「継続的な学習」がある。ジェンダーギャップ解消戦略の策定にあたっては、高校生や20代を対象にワークショップを開催したほか、戦略会議においても、ワークショップや座学、ロールプレイングなどを行って学びを深め、学習の成果を戦略策定に生かしている。

市役所内に設置された庁内推進委員会でも、毎回、あらゆる政策領域について男女別データを見ながらジェンダー視点から検証したり、最新の国内外の政策動向について学んだり、といった組織的かつ継続的な学習が行われている。ワークイノベーション推進会議も同様である。繰り返し学んでいくことで、問題の本質を理解する人が増えていくことが、集合的なインパクトにつながる。

女性活躍やＤＥＩには、ノウハウやグッドプラクティス（好例）とされるものが、数多く出回っているが、本質を理解していなければ、それらを使いこなすことは難しい。

カニアらの論考では、変革に成功した事例の「ソフト面」での要素として、「多様なステークホルダー同士の関係性や信頼の構築」「リーダーシップの発掘と開発」「学びの文化の醸成」も挙げられている。これらは、まさに、2018年に豊岡市がジェンダーギャップの解消に乗り出すまでに、全庁的に育んできた組織としての基礎体力にほかならない。その様子は本書に展開してきた豊岡のストーリーからも理解していただけるだろう。

未来に目を向ければ、学校現場では、間違いなく、性別役割分担意識やジェンダーバイアスを再生産しない教育が進む。ふるさと教育では、現市長の関貫久仁郎も自ら、ジェンダーギャップ解消の取り組みを紹介している。演劇を取り入れた授業が育む、相手の立場に立って物事を考え、対話できる力は、ジェンダーバイアスを乗り越えるための基本スキルとなる。

まだまだガードが固い女性たち

ジェンダーレンズを装着することで、大きな変容を遂げた豊岡の男性たちに対し、本書に登場する豊岡の女性たちの反応は、実に多様であり、遠慮がちにも見える。家庭役割に対する責任感も強い。

途上国の農村地帯など、昔ながらの男尊女卑の考え方が根強いコミュニティで開発支援プロジェクトを進めていく際には、男女一緒に行うロールプレイング（男性は女性の役割を、女性は男性の役割を演じて、異なる立場を経験する手法）や課題解決のためのワークショップを行うだけでなく、必ず女性だけを集めて、心理的安全性が保たれた形でのフォーカス・グループ・インタビューや女性への個別ヒアリングを行う。そこでは男性がいる場では到底出てこないような率直な意見がたくさん出てくる。

　豊岡市の場合、従業員意識調査が、無記名ではあるもの女性の問題意識や経験をしっかりと拾える設計になっている。市役所の「キャリアデザインアクションプラン」事業では、小安美和のような、ジェンダーレンズを装着したコンサルタントがヒアリングのファシリテーションを行った。それにより、「自信がない」「やりたくない」という女性たちの発言の背景に、どのような社会的問題が横たわっているのか、それらを解決するにはどのような施策が望ましいのか、といったことまでを視野に入れた戦略的な聞き取りができていたのである。

　一方、家庭内役割に対する女性たち自身の規範意識が今なお高く、それが自己評価の軸になっていることにも気づかされる。これは、豊岡市に限ったことではなく、筆者がこれまで国際協力プロジェクトでかかわってきた国や地域の女性たちと日本の女性を比べてみた印象でもある。

豊岡市に限らず、ジェンダーギャップ解消の最大の障壁は、「男性の家庭責任」問題である。政府調査が示すように、未婚の若年層は、男性も女性も共働きを希望している一方で、「女性の8割以上、男性の7～8割が女性に家事・育児等が集中していることが職業生活において女性の活躍が進まないことの理由と考えている」（「女性活躍・男女共同参画に関する現状と課題」）。職場や社会が「家事・育児に費やす時間の男女ギャップ」を解決できなければ、少子化に歯止めはかからず、企業にとって喫緊の課題である男女間賃金格差の縮小や管理職・役員の女性登用も進まない。

育児介護休業法の改正で、従業員１０００人以上の企業には「男性育休取得率」の情報開示が義務づけられた。人的資本情報開示項目にも「男性育休取得率」が含まれる。２０２４年度には、育児休業者をカバーする同僚に手当を支給する中小企業に対しての助成金が現行の10万円から最大１２５万円に増える。今後は、「育休取得期間」の情報開示が求められる可能性もあるだろう。

豊岡市役所の男性育休取得率は高いとは言えない。育休を取らない、あるいは取りにくい理由としては、「育児は妻が担当している」という理由から「業務量が多すぎる」「補充人員がいない」「短期間の取得では意味がない」といったことが挙げられており、制度面でも運用面でも、この政策の意義の浸透という点でも、まだまだ課題があることがわかる。

男性に対しても育児休業や介護休業、短時間勤務制度、テレワークの推進、長時間労働の是正、転勤への配慮、ＤＸ等による業務の標準化・効率化や情報共有システムの構築、育休の業務代替手当の助成金の活用（中小企業対象）など、ひとりひとりの家庭役割を尊重することで、柔軟な働き方とそれを可能にする業務やマネジメントのシステムを構築し、浸透させていくことが欠かせない。今後、豊岡市のワークイノベーション推進会議の参加企業・事業所（市役所を含む）から、誰もが気持ちよく家庭責任を果たせるような仕組み・風土づくりの実践例が出てくることを期待したいところだ。

女性たちには「エンパワーメント・レンズ」を

管理職は男性の仕事だと思っていたから考えたこともないという人、やる気と能力はあるものの男性社会に入っていくことを躊躇していた人、機会があればやってみたいという人、豊岡の女性もさまざまな人がいる。新しい領域にチャレンジする女性を増やすには、ジェンダーレンズを装着した男性たちがせっせと環境整備することも重要だが、同時に、女性たちの自信と力を高める取り組みも行わなければならない。市役所の女性リーダーのひとりである岸本京子の言葉を借りるなら「必要なのは、ロールモデルというよりは、ネットワーク」である。

圧倒的な男社会における数少ない女性ロールモデルはしばしば「スーパーウーマン」に見えてしまう。だから、まずは、女性たちが一緒に学び、励まし合い、岸本が言う「お互いを高め合うネットワーク」をつくることがスタート地点である。

豊岡みらいチャレンジ塾は、まさにそれを目的とする事業でもある。市外から招へいした一流の講師、知識を伝達するだけではなく、豊岡の女性たちと時間の許す限り、リアルな対話を重ね、そのときの興奮や学びを受講者たちが仲間と共有し合えるような設計になっている。

２０２１年の市議会議員選挙で新人女性ながらトップ当選を果たした義本みどりは、２０２２年のみらいチャレンジ塾でゲストスピーカーを務めたが、受講者からは、義本の話を聞いて、「政治が身近になった」「市議に相談してみようという気になった」といった感想が多数寄せられた。現在、市議23人中、女性は２人だが、有権者の半分を占める女性が「議会で自分を代表してくれる、自分に代わって政策づくりを進めてくれる候補者に投票したい」という意思を持ち、期待に応えてくれそうな女性候補者が増えれば、女性議員の数も増えるだろう。

議会での義本の質問は、端的でわかりやすいという定評がある。学童保育の整備を１つとっても、保護者の声はもとより、保育現場のスタッフの声にも耳を傾け、しっかりとした答弁を引き出そうと努力しているさまが伝わってくる。単に投票して終わり、ではなく、自分が一票を投じた議員の活動に注意を向け、対話する、サポートする、仕事ぶりをチェックする、といった女性が増えれば、政策・施策の精度も高まり、民主的システムの向上にもつながる。

　豊岡の男性たちが装着したのが「ジェンダーレンズ」なら、女性たちが装着するのは「エンパワーメント・レンズ」である。レンズを装着して、「自分の生き方は、自分で決めていい」「私は、私」「女性もいろんなことができる」「実際にやってる人がいる（しかもスーパーウーマンではなくて、よく話してみれば案外、普通の女性たち！）」という気づきを得た女性たちが、お互い助け合いながら、新しいことにチャレンジしていけば、それがいつの間にか「当たり前」になり、多くの女性・女の子が後に続くはずだ。

　２０２３年8月豊岡では、ＮＰＯ法人「Waffle」（ワッフル、東京都）による女子中高生向けのプログラミング・ワークショップ「Waffle Camp」が実施された。

　日本の科学技術の専門領域における女性の割合は著しく低い。成長分野のデジタル産業では、システムエンジニア不足も深刻な問題となっており、現在、ＩＴ技術者における女性割合は、わずか19%である。エンジニアやスペシャリストを目指していない女性にとっても、デジタルの基礎知識は不可欠となる。Waffle Campは、高校で文理選択をする前にＩＴの魅力に触れてほしい、ＩＴスキルを身につけると世界が広がることを知ってほしい、という趣旨のもと、全国各地で展開している。豊岡ではサポート役となった市長の関貫が経営するＩＴ企業、株式会社ピージェイを会場に、女子中高生がプログラミングを学んだ。ＩＴスキルを活かして働いている女性との交流タイムでは、同社の女性エンジニアが仕事の魅力を語り、盛り上がったという。

１９９０年代半ばから、筆者は開発途上国で「ジェンダー平等と女性のエンパワーメント」に資する取り組みに従事してきた。今、アジア、アフリカ、中東、中南米の国々の人々と仕事をしたり、ジェンダーギャップ指数のランキングを見たりするとき、コツコツ続けられてきた、そうした取り組みが功を奏していることを実感する。

豊岡市での、「ジェンダー平等推進」と「女性のエンパワーメント」という一連の取り組みは、５年後に大きな花を咲かせていることだろう。

あえて5年後というそう遠くない未来を想定しているのは、最も時間がかかる「男性リーダーたちの真のコミットメント」が進んでいるからである。豊岡市では、ジェンダーレンズを装着した男性が加速度的に増えている。２０２３年7月に開催されたワークイノベーション推進会議の総会で、ひとりひとりがスケッチブックに書いて掲げた「豊岡リーダー宣言」を目の当たりにしたとき、そう確信した。

10年後、20年後、今の子どもたちはどのようなまちをつくっているのか。未来は次世代の人たちの冒険とチャレンジに託そう。

あとがき

本書の原稿を仕上げている時に、ハーバード大学のクローディア・ゴールディン教授がノーベル経済学賞を受賞したというニュースが飛び込んできました。男女間賃金格差の要因を解き明かす研究が認められたのです。記者会見では、日本にも言及し、近年、女性の労働参加率は高いものの、多くが短時間の就労であり、賃金格差の是正につながっていない、と指摘しました。

本書はまさに、男女間賃金格差が象徴する、労働市場や地域社会におけるジェンダー不平等の是正に向けた、継続的かつ集合的なアクションの記録です。属性や組織的背景の異なるさまざまなアクターたちが、どのように相互に影響し合いながら、この問題に取り組んでいるのか。共著者である秋山基さんは、何度も豊岡に足を運び、丹念に取材を重ね、どのように「構え」を整えたのかも含めて、そのダイナミズムと実行過程をビビッドに描き出してくれました。さらに、この取り組みを「豊岡メソッド」として提示するために、コレクティブ・インパクトという普遍的なフレームワークを援用しましたが、その試みは、豊岡市役所がデータ、ツール、ノウハウを惜しみなく提供してくれたことで可能になりました。ジェンダーギャップ対策室の上田篤さん、原田紀代美さん、得田雅人さんに心より感謝いたします。

豊岡市との縁をつないでくださった小安美和さん、「この取り組みは、自治体だけではなくて、企業にも参考になる。横展開できれば、日本は変わるはず！」と、書籍化を提案してくださった薗田綾子さん、編集担当の三田真美さんにつないでくださった治部れんげさん（東京工業大学リベラルアーツ研究院准教授）、ありがとうございました。三田さん、秋山さんとの意見交換はいつも新鮮で、ジェンダーというトピックに集中しがちな私の視野を広げてくれました。「このストーリーは、語る価値がある」と私を励まし続け、常に、読み手の立場に立った的確な助言をしてくださったので、本書は完成しました。本当にありがとうございました。最後に、アシスタントの井口花子さん、いつも私を応援してくれる息子、娘、母にも、心からの感謝を。

ジェンダーギャップの解消は、国、地方自治体、企業でも、いよいよ、待ったなしです。本書を読んでくださった方が、登場人物の奮闘ぶりに触発され、モチベーションを新たにし、「豊岡メソッド」を参考にしながら、アクションを起こされることを願っています。

2023年11月

大崎麻子

演劇ワークショップ〈無意識のバイアスチェックシート〉

・第1回豊岡市ジェンダーギャップ解消戦略会議において実施した体験ワークショップ
・性別役割分担など無意識の偏見、思い込み、決めつけなどがあると思われる項目にチェックを入れる。（劇団「青年団」劇作家　工藤千夏氏作成）

無意識のバイアス　チェックリスト1

結婚式祝辞　男性　54歳（会社員）

No.	チェック項目	チェック
1	真一（新郎）さん、優里（新婦）さん、本日は誠におめでとうございます。ご両家の皆様にも心よりお慶び申し上げます。株式会社OKATOYOの豊岡と申します。	□
2	甚だ僭ではございますが、新郎新婦が共に弊社の第一営業部に勤務されております関係で、お二人の上司として、ひとことご挨拶させていただきます。	□
3	真一くんが入社され、私の部に配属されたのは、今から5年ほど前になります。	□
4	意欲的に仕事に取り組み、どんなに厳しい局面でも男らしく責任感を持って対応する真一くんは、周りの同僚や取引先からも厚い信頼を得ています。	□
5	まあ、男気があり過ぎて、責任感というより、夢中になると、時間も食事も忘れてしまうようなところもあるようですが（笑）。	□
6	彼を支える良き伴侶が見つかればいいと密かに心配をしておりましたところ、実は、我が部で、いえ、我が社で一二を争う美女をすでにゲットしていたということで、非常に頼もしい限りです。	□
7	新婦は、弊社の慣例によって、ご結婚の報告を受けたあと配置替えになっています。	□
8	優里ちゃんの入れてくれるおいしいお茶をもう飲めないかと思うと、正直ちょっと寂しい気持ちもございます。でも、優里ちゃん、これからは、あのおいしいお茶は、真一くんにだけ淹れてあげてください。	□
9	理解ある上司としての（笑）私の信念ですが、良き仕事は良き家庭があってこそです。	□
10	仕事で遅く帰ることもあると思いますが、同じ職場で務めた経験を生かして真一くんの仕事を深く理解し、これからも真一くんを支えてあげて頂けたらと思います。	□
11	そして、どうか、早く可愛い赤ちゃんを産んで、幸せな家庭の礎を築き、ご両親を安心させてあげてください。	□
12	真一くんは、絶対に優里ちゃんを幸せにします！　彼を生涯の伴侶に選ばれた新婦はさすがお目が高いと、お二人の上司として太鼓判を押します。	□
13	長くなりましたが、若いおふたりの末永いご多幸とご両家の繁栄をお祈りいたしまして、私のお祝いの言葉とさせていただきます。ありがとうございました。	□

出所：「豊岡市ジェンダーギャップ解消戦略　2021年3月作成」

無意識のバイアス　チェックリスト2

新聞への意見投稿（エッセイ風）　女性　65歳（元・中学校教員）

No.	チェック項目	チェック
1	SNSで「ポテサラ論争」なるものが流行していると聞いてはいたが、なんと、まさしく同じ局面に出くわした。	□
2	スーパーマーケットの惣菜コーナーを通りかかったら、「母親ならポテトサラダくらい作ったらどうだ！」という怒声が響いたのだ。	□
3	私が振り向くと、決して若いとは言えない後期高齢者の男性が、幼児連れの若い母親を怒鳴っていた。元になった出来事の詳細は知らないが、この母親は負けていなかった。	□
4	なんと、「じじい、流行りに乗っかってんじゃねーよ！」と、言い返したのだ。 小さな娘も「じじい、流行りに乗っかってんじゃねーよ！」と、口真似をする。	□
5	「失礼な！　女のくせにその言葉遣いはなんだ！　母親のしつけがなっとらんから、娘もそんな風に育つんだ！」負けずにじじぃも、失礼、後期高齢者の男性も言い返した。	□
6	もはやポテサラのパックが飛び交わんばかり。「ポテサラ論争」ではなく、「ポテサラ戦争」の様相である。	□
7	さて、この話、価値観の違いを議論する素材が、ポテトサラダであるという点が絶妙だ。 ポピュラーな料理で誰でも知っているわりに、手間がかかる。それなのに、メインディッシュではない。	□
8	おそらく、この一見、元・会社重役風に見える男性は、ポテトサラダの作り方を知らないのだろう。台所に立つこともなく、妻が用意した食事を「ありがとう」の一言もなく、当たり前のように食す輩に違いない。	□
9	ところで、私はこの母親のひどく疲れた表情が気になった。きっとパート勤めか何かで、家事に費やす時間がないのだろう。	□
10	専業主婦じゃないのだから、晩御飯のおかずを一品増やすために、ポテトサラダくらいどんどん買いなさい。	□
11	昨今は、子供の弁当にコンビニ弁当を持たせる母親さえいる世の中だ。夕食のテーブルに買ってきた惣菜が並ぶことなど、たいしたことではない。	□
12	本当は、私の手作りのポテトサラダを贈りたいくらいだが、お節介ババアの、失礼、見ず知らずの後期高齢者女性が手塩にかけたポテサラがいきなり届いても困るだろう。	□
13	だから、働くママ達にエールだけ贈りたい。「頑張れ！　働くならポテトサラダくらい買ったらどうだ！」	□

付録B　豊岡市ジェンダーギャップ解消戦略の全体像

豊岡市ジェンダーギャップ解消戦略

上位目的	固定的な性別役割分担を前提とした仕組みや慣習が見直され、お互いを尊重し支え合いながら、いきいきと暮らしている	
戦略目的	ジェンダーギャップ解消の必要性を自分ごととして捉え、行動する人が増えている	【成果目標】 男女格差の解消が進んでいると感じる市民の割合（男女別・年代別） 地域の意思決定・方針決定に参画する女性の割合（男女別・年代別） 男性が家庭において家事・育児・介護に関わる度合い（男女別・年代別）

主要手段―具体的手段		具体的な事業等	成果目標
手段01	**市民にジェンダーギャップ解消の必要性が知られている**		**・研修を実施した地域コミュニティ組織の数**
0101	ジェンダーギャップ解消の必要性を学び、特に子どもたちの未来に関わることだと理解している市民が増えている	ジェンダーギャップ解消に関する情報発信、ジェンダーギャップ解消の必要性（アンコンシャスバイアス、DV・セクシャルハラスメントを含む女性に対する暴力の根絶等含む）の理解促進教材の制作・活用、市民講座・体験型ワークショップ等の実施	・研修を実施した団体数、実施回数、参加者数（男女別）
0102	多世代・多様な市民が、ジェンダーギャップ解消の意義やメリットを語っている	ジェンダーギャップ解消の取組み事例を発信（事業所・行政機関・地域・教育機関等）、外国人住民の声を発信	・豊岡市公式WEBサイト閲覧（セッション）数
0103	市の施策にジェンダー視点が主流化され、ジェンダーギャップ解消の必要性が市民の暮らしの中に浸透している	ジェンダーギャップ解消推進アドバイザーの設置、ジェンダーギャップ解消に関する条例制定、市の政策にジェンダー視点の主流化を推進（男女別データの収集・分析、ジェンダー分析に基づいた施策の立案・実施・モニタリング、評価）、男女別データ集の作成・発信、ケアワークの社会的価値等の啓発、地域おこし協力隊の募集・受け入れ	
手段02	**地域において男女が共に意思決定・方針決定に参画している**		**・市の審議会等の女性委員の割合** **・地域コミュニティ組織における女性役員の役割**
0201	多世代・多様な市民によるコミュニケーションが活発に行われている	地域啓発推進アドバイザーの設置、地域づくり計画に多世代・多様な人の意見を反映させる仕組みづくり、地域コミュニティ組織のジェンダー視点を踏まえた活動支援（コミュニティビジョン作成、地域課題の解決に向けた取組み支援［地域の防災計画・避難所運営・防災リーダー等］）、ジェンダー視点に配慮した地区集会施設整備支援（地区集会施設整備補助金）、意思決定の場に女性や若者が参画している地域へのインセンティブ導入検討（地域コミュニティ活性化交付金「活動促進事業交付金」）、地区要望に女性や若者目線の意見を取り入れる取組み促進	・地域啓発推進アドバイザーによる活動支援団体数 ・避難所運営マニュアル策定済の地域コミュニティ組織数 ・女性・若者の参加や合意形成を行った地域コミュニティ組織数 ・地区集会施設整備補助金活用団体数
0202	地域活動に参画しリーダーシップを発揮する女性や若者が増えている	地域の会議や行事に女性や若者をはじめ多様な人が参加できる仕組みづくり（見直し含む）、地域の人材を発掘・育成（女性や若者向けの地域づくり研修）、地域防災リーダーの活躍	・市議会議員に占める女性の割合 ・投票率（男女別、年代別） ・自治会役員（区長・副区長）に占める女性の割合

		機会の提供と市の取組みの情報提供、防災ワークショップ・防災出前講座等への参加促進、女性の消防団員の入団促進の検討・実施、議会・政治参加の魅力発信（議会活動の情報発信や議会傍聴の周知、女性や若者を中心とした意見交換会の実施等）、地域の女性リーダー育成プログラムや政治参加プログラムの検討・実施	・PTA（小中学校）会長・副会長に占める女性の割合 ・新しい手段を用いた活動や起業につながる活動をしたグループ数 ・地域コミュニティ組織の会議等の参加者数（男女別） ・ひょうご防災リーダー講座受講者数（女性） ・防災士登録者数（女性） ・地域コミュニティ組織における防災関係の女性部会員数 ・自主防災組織の女性組織員数 ・女性消防団員数 ・防災ワークショップ・出前講座の女性参加者数とその割合 ・研修の参加人数（男女別）
0203	女性や若者の声やニーズが政策に反映されている	女性や若者の声を聴く意見交換会・ワークショップ、さまざまな分野における女性の参画率の向上、女性、若者の視点を取り入れた政策の推進（暮らし、子育て支援、まちづくり、公共交通など）	・農業委員会における女性委員の割合
手段03	**女性も男性も働きやすく働きがいのある事業所が増えている**		**・女性従業員の2／3以上が「働きやすくて働きがいがある」と評価している事業所数**
0301	経営者がジェンダーギャップ解消に向けてリーダーシップを発揮している	ワークイノベーション推進会議への加入促進、ワークイノベーションの推進（事業所向け）、キャリアデザインアクションプランの推進（市役所向け） （性別にとらわれない人材育成・人員配置、透明性のある人事評価制度の再構築、役職者へのジェンダーギャップ解消に向けた教育の徹底、個を生かすマネジメントの実施、性別にかかわらず多様な職務経験、女性のエンパワーメント研修、職場でのセクシャルハラスメント・パワーハラスメント等防止対策の啓発、職場の環境改善〔男女共用のトイレの改修、多目的トイレの整備、デジタル技術の活用など〕 入札参加資格申請に主観点数加算項目にジェンダーギャップ解消に関連する項目を追加、女性の消防職員採用促進	・国連「女性のエンパワーメント原則（WEPs）」署名事業所数 ・ワークイノベーション推進会議加入事業所数 ・研修の参加人数（男女別） ・入札参加資格申請における主観点数加算申請事業所数 ・女性消防職員数
0302	先進的な事例やノウハウを手本にして変革に取り組む事業所が増えている	優良事業所の表彰（豊岡市ワークイノベーション表彰制度「あんしんカンパニー」）、表彰事業所の事例発表会、仕事のマルチタスク化推進（チームで動く）、ロールモデルづくり（育休明けの女性・男性）	・ワークイノベーション表彰制度「あんしんカンパニー」認定事業所数
0303	性別に関わらずフェアな評価により活躍の場が広がっている	ワークイノベーションの推進（事業所向け）（再掲）、キャリアデザインアクションプランの推進（市役所向け）（再掲）	・市職員に占める女性の割合（男女別※年代別は別途把握） ・市職員管理職（課長級以上）に占める女性の割合 ・民間事業所の課長相当職に占める女性の割合
0304	性別に関わらず家事、育児、介護のための休暇等の取得が進んでいる	育児休業・育児目的休暇の取得促進（男女ともに）、男性の家庭進出と女性の社会進出促進・啓発、保育サービスの充実（育児休業時の継続入園対象児の拡大検討）、育児休業のパパ・クオータ制の導入検討	・市職員の男性育児休業取得率 ・民間事業所の育児休業取得者数（男女別） ・民間事業所の男性育児休業・育児目的休暇の取得率 ・民間事業所の女性育児休業取得率

			・出産前後の女性の継続就業率
手段04	**家庭において男女が家計責任（世帯収入）とケア責任（家事・育児・介護等）を分かち合っている**		**・「男は仕事、女は家庭」という考え方に「そう思わない」という市民の割合**
0401	家事・育児・介護等の価値や意義が知られている	子育て世帯における男女の家事・育児時間の可視化（アンケート調査）、男女の収入格差の客観的な可視化、男女で支え合う家庭生活の基盤づくり促進（両親学級・プレパパセミナー）、人生100年時代の将来設計（マネーシミュレーション・キャリアデザイン）を考えるセミナー	・研修参加者数（男女別） ・研修参加者のうち男性の占める割合
0402	スキルを磨いて家事・育児・介護等に主体的に関わる男性が増えている	子育て中の男性の家事・育児スキル習得促進、人生100年時代のライフスキル習得促進（男性の家事・育児・介護スキル習得セミナー）	・研修参加者数（男女別） ・研修参加者のうち男性の占める割合 ・講座を開設した地域コミュニティ組織の数
0403	家事・育児・介護等に関する支援の仕組みが構築されている	子育て世代包括支援センター（専任保健師の配置、母子手帳交付時全数面接、妊婦訪問、ベビー人形による育児体験、新生児訪問、乳児全戸訪問、産後ケア（訪問型、宿泊型）、医療機関・関係機関との連携事業（養育支援ネット、養育支援訪問）、産前・産後サポーター（ホームヘルパー）派遣事業、マタニティママ＆ベビー交流会（母子手帳アプリ等を利用した情報発信の充実）、支え合い生活支援サービス事業（家事代行・買い物代行など）の充実、地域コミュニティにおける高齢者や障がい者等の見守り、声かけ、カフェの充実（地域内でのサポートを強化）、ファミリーサポートセンターの制度周知と会員数の拡大、子育て世帯への情報提供システムの構築（アプリの導入検討・実施） ※事業所が自社に保育施設（病児も受入れ可）をつくる、男女差を埋めることができるAI・IoTの活用、アウトソーシング（家事代行・介護タクシー・買い物代行など）	・母子手帳交付時面談の実施率（分母：母子手帳交付数） ・新生児訪問実施率 ・ベビー人形による育児体験に父親（パートナー）が参加した率（分母：参加組数） ・支え合い生活支援サービス事業受託者数、サービス量 ・ファミリーサポートセンター会員数
手段05	**自分のありたい姿に向かって、経済的に自立し、いきいきと暮らす女性が増えている**		**・女性の正規社員としての就職数 ・ステップアップセミナー参加者のうち正規雇用されたひとり親（女性）人数 ・創業された女性の数**
0501	自己実現に向けてチャレンジする女性が増えている	ひとり親家庭の経済的自立応援事業（意識調査の実施、相談支援体制の充実、ひとり親非正規雇用者ステップアップ支援、看護師・保育士等資格取得支援） 子育て中の女性の就労促進（女性のエンパワーメント、無意識バイアス克服、自己肯定感を高める、マネーシミュレーション、キャリアデザインに関するセミナー、ITスキル習得支援、デジタルマーケティングスキル習得支援等） 起業支援体制の充実（IPPO TOYOOKA 総合相談【無料ビジネス・創業支援相談】）、UIターン促進、創業支援補助金（対象：若者と女性）、IT関連事業所開設支援補助金等（企業誘	・資格取得に関する給付金制度利用者数 ・子育て中の女性の就労促進事業による就職内定者数 ・子育て中の女性のデジタル・マーケティング人材の育成人数 ・女性の起業相談者数 ・移住者数（成人女性）※環境経済課窓口経由関係 ・IT関連事業所開設支援補助金等を利用した事業所の女性就労者数 ・地域おこし協力隊員応募者における女性の割合 ・ドローン導入経営体

		致)、地域おこし協力隊員の募集・受入れ、スマート農業推進、農業スクール、子育てママの活躍機会促進、DV を含む女性に対する暴力の根絶、DV 相談支援体制の充実	・アシストスーツ導入経営体 ・ママの働き方応援隊「赤ちゃん先生」事業の派遣件数 ・「ママによる子育て世代向けイベント開催事業補助金」の補助金交付件数
0502	まちのあちこちで女性同士のつながりが生まれている	女性や若者向けの研修の実施（0202再掲)、様々なロールモデルと出会う機会の創出（子育てしながら働く女性、異業種、起業者、女性従業員、女性消防職員等)、女性のネットワークづくり（地域、移住者、子育てしながら働く女性、異業種、起業者など)、子育て支援総合拠点の整備・活用	・ロールモデルと出会う機会の創出（事業実施回数) ・女性のネットワークづくり（事業実施回数・参加人数)
0503	経済的に自立するための相談支援体制が構築され、活用する女性が増えている	ひとり親家庭の総合的な相談支援体制の構築（ワンストップ化)、ひとり親家庭支援制度の啓発促進、ひとり親家庭相談（母子父子自立支援員)、ひとり親非正規雇用者ステップアップ支援（ステップアップセミナー・個別相談会の実施)、ハローワークと連携した女性の就職相談会（一時保育あり)、ひとり親が気軽に相談しやすい相談窓口の環境整備、子育て支援総合拠点の整備・活用（再掲)	・ひとり親家庭相談件数 ・ステップアップセミナー参加者数 ・個別相談会参加者数 ・ひとり親（女性）正規雇用採用者数（ステップアップセミナー参加者) ・ひとり親家庭休日相談日数・件数
手段06	**子どもたちがジェンダーギャップ解消の必要性を自分のことばで語っている**		**・将来の夢や目標を持っている児童生徒の割合 ・自分にはよい所があると思う児童生徒の割合**
0601	保育園、こども園、幼稚園、学校等でジェンダー視点を取り入れた保育・教育が行われている	ジェンダーギャップ解消に係る教職員研修の実施、 保育園・認定こども園・幼稚園で多様性（ジェンダー含む）の保育・教育の実施、 メモリアル防災減災授業（年3回、幼稚園・認定こども園〜中学校で実施）の教材づくり ※市が国交省と協働で作成、提供している教材（指導要領、ワークシート、教材等）へ防災分野におけるジェンダーギャップ解消についての考え方を解説した新たな教材を加える	・市立小・中学校の教員に占める女性の割合（男女別※年代別は別途把握) ・市立小・中学校の教頭以上に占める女性の割合（校長・教頭) ・市立小・中学校の主幹教諭に占める女性の割合 ・学校経営研修会実施回数 ・多様性（ジェンダー含む）がテーマの絵本の蔵書数（全園に毎年1冊ずつ増やす)
0602	子どもたちが性別にとらわれず自分のありたい姿を描き、実現に向けて行動している	ジェンダーギャップ解消に係る学習の推進（小・中学校)、デートDV防止教育（中学校)、高校でジェンダー視点を取り入れたライフキャリア教育の取組み促進（啓発)	・中学校の保健体育科等で「デートDV」を取り上げる学校数（割合)

出所：「豊岡市ジェンダーギャップ解消戦略　2021年3月作成」

第1話　「変わる!変える!ジェンダー意識をアップデート!」

第3話　「女性の育児休業復帰後の働き方は?

第2話　「コロナ禍の在宅勤務」

作：かんべみのり　出所：https://www.city.toyooka.lg.jp/kurashi/1007000/1008845/1019240/1016830.html

第5話　「男性の育児休業取得!!」

第4話　「職業に対する無意識の思い込み」

付録C　マンガで考えよう! ジェンダーギャップ（第1弾、全6話）

タイトル一覧（参考）

◆第1弾（公開2021年4月～）

第1話「変わる!変える!ジェンダー意識をアップデート!」

第2話「コロナ禍の在宅勤務」

第3話「女性の育児休業復帰後の働き方は?男性は裁縫ができない?」

第4話「職業に対する無意識の思い込み」

第5話「男性の育児休業取得!!」

第6話「家庭内での家事育児の分担は?」

◆第2弾（公開2023年7月～）

第1話「跡継ぎは男性でないといけないの?」

第2話「自家用車を購入するのは誰？」

第3話「男性の育児に対する世代間ギャップ」

第4話「地域の祭り　神輿に誰が乗る?」

第5話「人生100年時代,お金と未来を考える」

第6話「おもちゃに対するジェンダーバイアス」

第7話「政治分野のジェンダーギャップ」

第8話「ワーク・ライフ・バランス」

第6話　「家庭内での家事育児の分担は？」

引用参考文献

はじめに

・林玲子「地方消滅のカギを握る女性と移動：『若者女性の都市集中』の分析」『読売クオータリー』（読売新聞東京本社調査研究本部、２０１６年）

序章

・豊岡市公式ウェブサイト
https://www.city.toyooka.lg.jp/index.html（最終閲覧日２０２３年10月17日）
・神戸新聞ＮＥＸＴ
https://www.kobe-np.co.jp/news/sougou/202104/0014274624.shtml（最終閲覧日２０２３年10月17日）
https://www.kobe-np.co.jp/news/tajima/202103/0014186070.shtml（最終閲覧日２０２３年10月17日）
https://www.kobe-np.co.jp/news/tajima/202105/0014288330.shtml（最終閲覧日２０２３年10月17日）
https://www.kobe-np.co.jp/news/tajima/202104/0014279790.shtml（最終閲覧日２０２３年10月17日）
https://www.kobe-np.co.jp/news/tajima/202105/0014291190.shtml（最終閲覧日２０２３年10月17日）
https://www.kobe-np.co.jp/news/sougou/202303/0016118198.shtml（最終閲覧日10月17日）
・中貝宗治『なぜ豊岡は世界に注目されるのか』（集英社新書、２０２３年）
・豊岡市環境経済戦略・改訂版（２００７年12月）
https://www.city.toyooka.lg.jp/_res/projects/default_project/_page_/001/002/999/senryaku.pdf（最終閲覧日２０２３年10月17日）
・豊岡市地方創生総合戦略 第1版（２０１５年10月）
https://www.city.toyooka.lg.jp/_res/projects/default_project/_page_/001/003/030/strategy.pdf（最終閲覧日２０２３年10月17日）

第1章

・豊岡市ワークイノベーション戦略（２０１９年１月）
https://www.city.toyooka.lg.jp/_res/projects/default_project/_page_/001/007/068/kakutei.pdf（最終閲覧日２０２３年10月17日）
・「求む！副市長」（兵庫県豊岡市）
https://www.youtube.com/watch?v=mYkPUOtbHGA（最終閲覧日２０２３年10月17日）
・真野毅「多様なアクターとの協働による新しいガバナンス体制の構築」（２０１７年）
・藤田大輔「豊岡市における行政評価」『季刊評価クオータリー』（一般財団法人行政管理研究センター、２０１９年10月）

第2章

・豊岡市役所キャリアデザインアクションプラン（２０１９年１月）
https://www.city.toyooka.lg.jp/_res/projects/default_project/_page_/001/007/179/1.pdf（最終閲覧日２０２３年10月17日）

・神戸新聞 ＮＥＸＴ
https://www.kobe-np.co.jp/news/sougou/202303/0016142249.shtml（最終閲覧日２０２３年10月17日）
・「我々の世界を変革する：持続可能な開発のための２０３０アジェンダ」
https://www.mofa.go.jp/mofaj/gaiko/oda/sdgs/pdf/000101402_2.pdf（最終閲覧日２０２３年10月17日）

第３章

・豊岡市観光公式サイト
https://toyooka-tourism.com/（最終閲覧日２０２３年10月17日）
・目黒依子・大崎麻子「豊岡市ジェンダーギャップ解消戦略（仮）」策定に向けた提言（２０１９年12月）
https://www.city.toyooka.lg.jp/_res/projects/default_project/_page_/001/008/905/teigen2.pdf（最終閲覧日２０２３年10月17日）
・豊岡市ジェンダーギャップ解消戦略（２０２１年３月）
https://www.city.toyooka.lg.jp/_res/projects/default_project/_page_/001/016/732/gg0401.pdf（最終閲覧日２０２３年10月17日）
・神戸新聞 ＮＥＸＴ
https://www.kobe-np.co.jp/news/sougou/202303/0016145508.shtml（最終閲覧日２０２３年10月17日）
・第４次豊岡市男女共同参画プラン（２０２２年３月）
https://www.city.toyooka.lg.jp/_res/projects/default_project/_page_/001/021/184/plan.pdf（最終閲覧日２０２３年10月17日）

第４章

・「ドキュメント〝ジェンダーギャップ解消〟のまち 理想と現実」『クローズアップ現代』（ＮＨＫ、２０２１年６月10日）
https://www.nhk.or.jp/gendai/articles/4556/（最終閲覧日２０２３年10月17日）
・神戸新聞 ＮＥＸＴ
https://www.kobe-np.co.jp/news/sougou/202303/0016129097.shtml（最終閲覧日２０２３年10月17日）
・神戸新聞但馬総局編『改訂版 城崎物語』（神戸新聞総合出版センター、２００５年）
・きのさき温泉観光協会公式サイト
https://kinosaki-spa.gr.jp/（最終閲覧日２０２３年10月17日）
・神戸新聞 ＮＥＸＴ
https://www.kobe-np.co.jp/news/sougou/202303/0016138575.shtml（最終閲覧日２０２３年10月17日）
・日本貿易振興機構「日本製ハンガーをスーツの本場・欧米へ―海外戦略の立て方は？―」『世界は今― JETRO Global Eye』（２０２２年６月30日）
https://www.jetro.go.jp/tv/internet/2022/06/2e9513880ac2e27d.html（最終閲覧日２０２３年10月17日）
・厚生労働省「働き方改革特設サイト CASE STUDY 中小企業の取り組み事例」
https://hatarakikatakaikaku.mhlw.go.jp/casestudy/file047/（最終閲覧日２０２３年10月17日）
https://hatarakikatakaikaku.mhlw.go.jp/casestudy/file038/（最終閲

覧日２０２３年10月17日）

第5章

・神戸新聞 ＮＥＸＴ
https://www.kobe-np.co.jp/news/sougou/202303/0016121940.shtml（最終閲覧日２０２３年10月17日）

・兵庫県豊岡市移住定住ポータルサイト「飛んでるローカル豊岡」
https://tonderu-local.com/（最終閲覧日２０２３年10月17日）

・ＮＨＫアーカイブス「城崎温泉の若旦那」
https://www2.nhk.or.jp/archives/movies/?id=D0004990532_00000（最終閲覧日２０２３年10月17日）

・神戸新聞 ＮＥＸＴ
https://www.kobe-np.co.jp/news/sougou/202303/0016149070.shtml（最終閲覧日２０２３年10月17日）
https://www.kobe-np.co.jp/news/sougou/202303/0016125327.shtml（最終閲覧日２０２３年10月17日）

第6章

・豊岡市非認知能力向上対策事業「演劇ワークショップ」第1回
https://www.youtube.com/watch?v=r9ttn8SDg9E（最終閲覧日２０２３年10月17日）

・豊岡市非認知能力向上対策事業「演劇ワークショップ」第2回
https://www.youtube.com/watch?v=RhKHxsYYJqM（最終閲覧日２０２３年10月17日）

・豊岡市非認知能力向上対策事業「演劇ワークショップ」第3回
https://www.youtube.com/watch?v=OSIly3zToG4（最終閲覧日２０２３年10月17日）

終章

・ＥＳＲＩ政策フォーラム（第61回）シリーズ「『静かなる有事』少子化と男女共同参画：第1回『人生１００年時代の若者の恋と結婚』」基調講演資料

・国立社会保障・人口問題研究所「第16回出生動向基本調査（結婚と出産に関する全国調査）」（２０２３年8月31日）

・内閣府男女共同参画局「女性活躍・男女共同参画に関する現状と課題」（２０２３年10月13日）

・ジョン・カニア、マーク・クラマー他「コレクティブ・インパクトの北極星はエクイティの実現である」『スタンフォード・ソーシャルイノベーション・レビュー』日本版VOL4（２０２３年）

・フェイ・ハンリーブラウン、ジョン・カニア、マーク・クラマー「コレクティブ・インパクトの実装に向けて」『スタンフォード・ソーシャルイノベーション・レビュー』（前掲）

取材協力者（順不同・敬称略）

以下は、本書の取材にご協力いただいた方々です。重ねてお礼申し上げます。

青柳順子
雨森良太
井垣真紀
泉弥子
伊藤清範
岩崎雅美
上田篤
浦上英朗
岡本慎二
沖中正孝
関貫久仁郎
岸本京子
岸本みち江
小安美和
齊藤愛織
嶋公治
杉山隆一
薗田綾子
丹下芙蓉
手塚淳志
中貝宗治
中田修平
中村月美
西村肇
橋本拓己
原田紀代美
古橋緋香里
真野毅
宮下隆司
武藤保貴
山本大紀
由利昇三郎
若森洋崇

協力　株式会社クレアン
豊岡市ジェンダーギャップ対策室
写真提供　豊岡市

大崎麻子 Asako Osaki

NPO法人Gender Action Platform理事
1971年生まれ。上智大学卒業。米コロンビア大学国際公共政策大学院修了。国連開発計画（UNDP）でジェンダー平等と女性のエンパワーメントを担当し、世界各地で女性の教育、雇用・起業、政治参加促進等のプロジェクトを手がけた。現在は、国際基準・動向を熟知するジェンダー専門家として、国際機関、政府、NPO、大学、企業で幅広く活動。内閣府男女共同参画会議専門調査会委員、外務省「女性、平和、安全保障に関する行動計画」評価委員等を務める。

秋山基 Motoi Akiyama

1968年生まれ。早稲田大学政治経済学部を卒業後、日本経済新聞社記者を経てフリーランスに。ビジネス誌、農業専門誌、情報誌などで幅広い分野の記事を執筆してきたほか、書籍の企画・構成にも携わる。

豊岡メソッド
人口減少を乗り越える本気の地域再生手法

2023年11月24日　1版1刷

著者……………………大崎麻子、秋山基

発行者………………國分正哉

発行……………………株式会社日経BP
日本経済新聞出版

発売……………………株式会社日経BP マーケティング
〒105-8308　東京都港区虎ノ門4-3-12

ブックデザイン……永井亜矢子（陽々舎）

組版…………………株式会社キャップス

印刷・製本…………三松堂株式会社

ISBN978-4-296-11801-4